DEN FRAMGÅNGSRIKA FOTOGRAFENS GUIDE
40 TIPS OCH ETIKETT FÖR NYBÖRJARE

Innehållsförteckning

Introduktion till fotografi etikett: Navigera i fotografiets värld med respekt 1

Förstå din kamera: grunder och funktioner 3

Att välja rätt kamerautrustning 5

Bemästra manuellt läge: bländare, slutartid, ISO och mer 7

Kompositionstekniker: Rule of Thirds, Leading Lines, Framing 9

Belysning Essentials: Naturligt kontra artificiellt ljus 11

Förstå exponering: Balansera ljus och skugga 13

Fånga rörelse: Tips för actionfotografering 15

Porträttfotografering: Posering och kommunikation 17

Landskapsfotografering: Hitta den perfekta bilden 19

Makrofotografering: Utforska detaljerna 21

Gatufotografering: Etiskt navigera i offentliga utrymmen 23

Eventfotografering: Fånga ögonblick med nåd 25

Arkitektonisk fotografi: Framhäv design och detalj 27

Resefotografering: Dokumentera dina äventyr 29

Wildlife Photography: Respektfull observation och säkerhet 31

Grundläggande redigering: Förbättra dina foton 33

Introduktion till fotoredigeringsprogram 35

Förstå färgkorrigering och vitbalans 37

Retuschering Tekniker: Förbättra porträtt 38

Skapa fantastisk svartvit fotografi 40

Skriva ut och visa dina foton 42

Bygg din fotoportfölj 44

Upphovsrätt och immateriella rättigheter: Skydda ditt arbete 46

Social Media Etikett för fotografer 48

Nätverk och samarbete i fotografi gemenskapen 50

Söker feedback och konstruktiv kritik 52

Sätt realistiska mål och milstolpar 54

Hitta din fotografi stil och röst 56

Balansera passion och vinst: Förvandla din hobby till en karriär ... 58

Kundkommunikation och professionalism ... 60
Prissätta dina fototjänster ... 62
Marknadsföra dig själv som fotograf ... 64
Bygga en stark onlinenärvaro: webbplats och sociala medier ... 66
Hantera avslag och kritik med nåd ... 68
Kontinuerligt lärande: Workshops, kurser och resurser ... 70
Håll dig inspirerad: Utforska andra konstformer ... 72
Underhåll din utrustning: Rengörings- och förvaringstips ... 74
Hantera utbrändhet och kreativa block ... 76
Fira dina framsteg och prestationer ... 78

Upphovsrättsmeddelande

Alla rättigheter förbehållna. Ingen del av denna bok får reproduceras, distribueras eller överföras i någon form eller på något sätt, inklusive fotokopiering, inspelning eller andra elektroniska eller mekaniska metoder, utan föregående skriftligt tillstånd från utgivaren, förutom vad som är tillåtet enligt upphovsrättslagen.

Introduktion till fotografi etikett: Navigera i fotografiets värld med respekt

Okej, så du har den här glänsande nya kameran, du är helt pigg för att ta några otroliga bilder, men håll ut bara en sekund! Innan du börjar klicka bort, låt oss prata om något superviktigt: foto etikett. Japp, det handlar inte bara om att veta hur man arbetar med kameran; det handlar också om hur du uppför dig samtidigt som du fångar de magiska ögonblicken.

Först och främst, låt oss prata om att respektera människors integritet. Alla vill inte att deras foto ska tas, och det är helt coolt. Be alltid om lov innan du tar någons bild, särskilt om det är nära och personligt. Och om de säger nej, ja, respektera deras önskemål och hitta ett annat ämne.

Nu till en annan avgörande punkt: plats, plats, plats! Var uppmärksam på var du skjuter. Vissa platser kan ha specifika regler om fotografering, som museer eller privata fastigheter. Kontrollera alltid om fotografering är tillåten och följ de riktlinjer som de har på plats. Och hej, om du fotograferar utomhus, respektera naturen också.

Åh, och på tal om att vara respektfull, låt oss prata om andra fotografer. Det är en stor värld där ute, och chansen är stor att du inte är den enda som försöker fånga den episka solnedgången. Var artig mot dina andra shutterbugs. Blockera inte deras bilder, ta inte den bästa platsen, och om du av misstag fotograferar någons bild, be om ursäkt och gå vidare.

Och sist men inte minst, låt oss prata om att redigera och dela dina foton. Det är frestande att bli galen med filter och effekter, men kom ihåg, mindre är ofta mer. Var ärlig om dina redigeringar, särskilt om du delar dem online. Och hej, ge alltid kredit där det är påkallat. Om du lägger upp någon annans arbete, se till att du har deras tillåtelse och ge dem en shoutout.

Kom ihåg att att vara en bra fotograf inte bara handlar om tekniska färdigheter; det handlar också om att vara en anständig människa. Så gå ut, ta några fantastiska bilder och kom alltid ihåg att respektera människorna och platserna runt omkring dig.

Förstå din kamera: grunder och funktioner

Okej, låt oss dyka in i din kameras snålhet. Visst, det kan tyckas skrämmande till en början, men tro mig, när du väl fått kläm på det kommer du att knäppa som ett proffs på nolltid.

Först och främst, låt oss prata om de olika delarna av din kamera. Du har din kropp, ditt objektiv, din sökare eller LCD-skärm och alla dessa knappar och rattar. Det kan se ut som mycket att ta in, men oroa dig inte, vi kommer att bryta ner det steg för steg.

Nu är en av de viktigaste sakerna att förstå exponeringstriangeln: bländare, slutartid och ISO. Tänk på dem som foto inställningarnas heliga treenighet. Bländaren styr hur mycket ljus som kommer in i objektivet, slutartiden bestämmer hur länge slutaren förblir öppen och ISO mäter känsligheten hos kamerans sensor för ljus.

Nästa upp, låt oss prata om fokus. De flesta kameror har autofokus, vilket gör jobbet åt dig, men det är alltid bra att veta hur man fokuserar manuellt, för säkerhets skull. Och på tal om manuellt, var inte rädd för att byta till manuellt läge och ta kontroll över dina inställningar. Det kan kräva lite övning, men det är värt det för de perfekt anpassade bilderna.

Åh, och glöm inte vitbalansen! Det kanske låter fancy, men i grund och botten är det bara att se till att dina färger ser naturliga ut under olika ljusförhållanden. De flesta kameror har automatisk vitbalans, men du kan även justera den manuellt för mer exakta resultat.

Och sist men inte minst, försumma inte kamerans andra funktioner, som motivlägen, bildstilar och fotograferingslägen. De är där för att hjälpa dig att få bästa möjliga skott i olika situationer, så var inte rädd för att experimentera och se vad som fungerar bäst för dig.

Så där har ni det, gott folk! Att förstå din kamera kan tyckas vara mycket att ta in i början, men med lite övning och tålamod kommer du snart att bemästra dessa knappar och rattar som ett proffs. Så fortsätt, gå ut och börja snäppa iväg!

Att välja rätt kamerautrustning

Okej, låt oss prata redskap! När det kommer till fotografering kan rätt utrustning göra stor skillnad. Men med så många alternativ där ute kan det vara överväldigande att försöka ta reda på vad som är bäst för dig. Men oroa dig inte, jag har din rygg.

Först till kvarn, låt oss prata om kameror. Det finns i princip två huvudtyper: DSLR-kameror och spegellösa kameror. DSLR-kameror är dina klassiska, beprövade kameror med en spegel mekanism inuti, medan spegellösa kameror är, ja, spegellösa. Båda har sina för- och nackdelar, så det handlar verkligen om personliga preferenser och budget.

Nästa upp, linser. Ah, linser, var ska jag ens börja? Det finns vidvinkelobjektiv, teleobjektiv, prime-objektiv, zoomobjektiv...listan fortsätter. Återigen, allt handlar om vad du ska filma och hur mycket du är villig att spendera. Börja med ett mångsidigt objektiv som en vanlig zoom, och sedan kan du utöka din samling därifrån.

Och låt oss inte glömma tillbehör! Du kommer förmodligen att vilja ha ett robust stativ för dessa långa exponeringar bilder, en bra kameraväska för att skydda din utrustning och kanske några filter för att förbättra dina bilder. Åh, och glöm inte minneskort och extra batterier. Tro mig, du vill inte få slut på juice mitt under en fotografering.

Nu, innan du går ut och maximerar ditt kreditkort med den senaste och bästa utrustningen, ta en stund att fundera över vad du verkligen behöver. Visst, den där snygga nya kameran kan vara frestande, men om du precis har börjat kan det vara bättre att hålla fast vid något mer överkomligt och uppgradera senare.

Och hallå, var inte rädd för att fråga om råd! Oavsett om det är från andra fotografer, onlineforum eller din lokala kamerabutik, finns det många människor där ute som är villiga att hjälpa dig att fatta rätt beslut.

Så där har ni det, gott folk! Att välja rätt kamerautrustning kan tyckas vara en skrämmande uppgift, men med lite forskning och lite noggrann övervägande kommer du att vara på god väg att bygga det perfekta kitet för alla dina fotoäventyr.

Bemästra manuellt läge: bländare, slutartid, ISO och mer

Okej, låt oss dyka ner i djupet av fotografering och prata om att bemästra manuellt läge. Visst, det kan tyckas skrämmande till en början, men tro mig, när du väl fått kläm på det kommer du att undra varför du någonsin litade på autoläge från början.

Först och främst, låt oss prata om bländare. Se det som inkörsporten till att kontrollera skärpedjupet. En bredare bländare (lägre f-nummer) ger dig den där drömska, suddiga bakgrundseffekten, perfekt för porträtt och närbilder. Å andra sidan kommer en mindre bländare (högre f-tal) att ge dig ett större skärpedjup och hålla mer av din scen i fokus. Lek med olika bländare för att se hur de påverkar dina foton.

Låt oss sedan ta itu med slutartiden. Den här handlar om att fånga rörelse. En snabb slutartid fryser action, perfekt för sport- eller naturfotografering, medan en långsam slutarhastighet skapar rörelseoskärpa, perfekt för att fånga strömmande vatten eller stråken av billjus på natten. Kom bara ihåg att ju längre slutaren är öppen, desto mer ljus träffar din sensor, så du kan behöva justera dina andra inställningar därefter.

Och slutligen, låt oss prata ISO. ISO mäter känsligheten hos din kamerans sensor för ljus. En lägre ISO (som 100 eller 200) är bäst för ljusa, soliga dagar, medan en högre ISO (som 800 eller 1600) är bättre för situationer med svagt ljus. Var bara försiktig med de höga ISO:erna, eftersom de kan introducera brus i dina bilder.

Nu är det här det blir roligt: att sätta ihop allt. Att bemästra manuellt läge handlar om att hitta den perfekta balansen mellan bländare, slutartid och ISO för varje bild. Det kan kräva lite övning, men tro mig, det är värt det för nivån av kontroll och kreativitet det ger dig.

Åh, och en sak till: glöm inte vitbalansen! Det kanske inte verkar lika flashigt som de andra inställningarna, men att få rätt vitbalans kan göra en enorm skillnad i det övergripande utseendet och känslan av dina foton. Så där har ni det, gott folk! Att bemästra manuellt läge handlar om att förstå hur bländare, slutartid, ISO och vitbalans samverkar för att skapa den perfekta exponeringen. Så fortsätt, stäng av det autoläget och börja experimentera! Du kommer att bli förvånad över vad du kan uppnå när du väl tar kontroll över din kamera.

Kompositionstekniker: Rule of Thirds, Leading Lines, Framing

Okej, låt oss bli kreativa och prata om kompositionstekniker. Komposition är som den hemliga såsen som kan förvandla ett bra foto till ett fantastiskt. Och tur för dig, det finns några beprövade tekniker som kan hjälpa dig att ta dina kompositioner till nästa nivå.

Först och främst har vi regeln om tredjedelar. Den här är en klassiker. Föreställ dig att dela din ram i nio lika delar med två horisontella och två vertikala linjer. Tredjedelsregeln föreslår att du kan skapa en mer visuellt tilltalande komposition om du placerar ditt motiv längs dessa linjer eller vid de punkter där de skär varandra. Allt handlar om att lägga till balans och intresse till ditt skott.

Låt oss sedan prata om ledande linjer. Inledande linjer är precis vad de låter som: linjer i ditt foto som leder betraktarens öga mot huvudmotivet. Dessa linjer kan vara allt från vägar och stigar till staket och trädgrenar. Genom att använda ledande linjer kan du styra betraktarens blick genom ditt foto och skapa en känsla av djup och rörelse.

Och slutligen, låt oss diskutera inramning. Inramning handlar om att använda element i din scen för att rama in ditt motiv och dra uppmärksamhet till det. Detta kan vara allt från en naturlig ram som ett valv eller fönster till en konstgjord ram som en dörr eller tavelram. Genom att rama in ditt motiv kan du lägga till sammanhang och visuellt intresse till ditt foto samtidigt som du hjälper till att rikta tittarens fokus.

Nu, här är den roliga delen: att kombinera dessa tekniker för att skapa kompositioner som verkligen poppar. Försök att placera ditt motiv utanför mitten med hjälp av tredjedelsregeln, använd sedan ledande linjer för att styra betraktarens öga mot det, och rama slutligen in hela scenen för att lägga till djup och sammanhang. Experimentera med olika kombinationer och se vad som fungerar bäst för dina bilder.

Så där har ni det, gott folk! Kompositionstekniker som regeln om tredjedelar, ledande linjer och inramning är kraftfulla verktyg som kan hjälpa dig att ta din fotografering till nästa nivå. Så fortsätt, gå ut och börja komponera dessa mästerverk!

Belysning Essentials: Naturligt kontra artificiellt ljus

Låt oss belysa vikten av ljus i fotografering. Oavsett om du fotograferar porträtt, landskap eller något däremellan, kan förståelse för hur man arbetar med olika typer av ljus göra en värld av skillnad i dina foton.

Först och främst, låt oss prata om naturligt ljus. Ah, naturligt ljus, fotografens bästa vän (för det mesta). Naturligt ljus hänvisar till alla ljuskällor som inte är konstgjorda, som solen eller månen. Den är dynamisk, ständigt föränderlig och kan skapa några verkligt fantastiska effekter. När du fotograferar utomhus, var uppmärksam på ljusets kvalitet vid olika tider på dygnet. Tidig morgon och sen eftermiddag, ofta kallade de gyllene timmarna, kan ge ett varmt, mjukt sken som är perfekt för porträtt och landskap. Middagssol, å andra sidan, kan vara hård och föga smickrande, kasta djupa skuggor och blåsa ut höjdpunkter. Molniga dagar kan ge mjuk, jämn belysning som är perfekt för porträtt och makrofotografering. Och glöm inte skymningen, den där magiska tiden precis före soluppgången eller efter solnedgången när himlen är fylld av rika, färgglada nyanser.

Nu ska vi prata om artificiellt ljus. Artificiellt ljus hänvisar till varje ljuskälla som är, ja, artificiell, som lampor, blixtar eller studioljus. Till skillnad från naturligt ljus är artificiellt ljus konsekvent och kontrollerbart, vilket gör det idealiskt för inomhus fotograferingar eller situationer där du behöver mer kontroll över ljusförhållandena. Studioljus, till exempel, kan justeras för att skapa mjukt, diffust ljus eller hårt, dramatiskt ljus beroende på önskad effekt. Och underskatta inte kraften hos en gammaldags skrivbordslampa eller ficklampa för att skapa intressanta ljuseffekter i dina bilder.

Så vilket är bättre, naturligt ljus eller artificiellt ljus? Tja, det beror på situationen. Naturligt ljus är vackert och mångsidigt, men det är också oförutsägbart och kan vara utmanande att arbeta med under vissa förhållanden. Artificiellt ljus är å andra sidan konsekvent och kontrollerbart, men det kan också vara mer tidskrävande och kräva ytterligare utrustning. I slutändan är det bästa ljuset det som hjälper dig att uppnå önskat utseende och känsla för dina foton, så var inte rädd för att experimentera med både naturligt och artificiellt ljus för att se vad som fungerar bäst för dig.

Så där har ni det, gott folk! Belysning är ett avgörande element i fotografering, oavsett om du arbetar med naturligt ljus, artificiellt ljus eller en kombination av båda. Så var uppmärksam på ljuset runt dig, experimentera med olika ljustekniker och var inte rädd för att bli kreativ!

Förstå exponering: Balansera ljus och skugga

Okej, låt oss belysa exponeringen – ordlek! Exponering handlar om att hitta den perfekta balansen mellan ljus och skugga i dina foton. Gör det rätt så kommer dina bilder att sjunga. Missförstå det, och låt oss bara säga att dina bilder kanske inte blir som du hade hoppats.
Först och främst, låt oss prata om grunderna. Exponeringen bestäms av tre huvudfaktorer: bländare, slutartid och ISO. Bländaren styr mängden ljus som passerar genom ditt objektiv, slutartiden bestämmer hur länge din kamerans sensor utsätts för ljus och ISO mäter känsligheten hos din kamerans sensor för ljus. Att förstå hur dessa tre delar fungerar tillsammans är nyckeln till att få välexponerade bilder.
Låt oss nu prata om att balansera ljus och skugga. Målet är att fånga detaljer i både de ljusaste högdagrarna och de mörkaste skuggorna i din scen. Detta kan vara knepigt, särskilt i situationer med hög kontrast som en solig dag med djupa skuggor, men med lite övning och kunskap kan du klara det.
En teknik för att balansera ljus och skugga är exponeringskompensation. De flesta kameror har en funktion som låter dig justera exponeringen manuellt för att göra dina foton ljusare eller mörkare. Om din scen är för ljus och du tappar detaljer i höjdpunkterna kan det hjälpa att sänka exponeringen. Omvänt, om din scen är för mörk och du tappar detaljer i skuggorna, kan uppringning av exponeringen få fram fler detaljer.
En annan teknik är HDR-fotografering (High Dynamic Range). HDR innebär att man tar flera exponeringar av samma scen vid olika exponeringsnivåer och sedan kombinerar dem i efterbehandling för att skapa en enda bild med detaljer i både högdagrar och skuggor. Det är lite mer avancerat och kräver lite extra programvara, men det kan vara ett kraftfullt verktyg för att fånga scener med ett brett utbud av ljusstyrka.

Och låt oss inte glömma att använda naturligt eller artificiellt ljus till din fördel. Ibland behövs bara en välplacerad reflektor eller en strategiskt placerad blixt för att fylla i de irriterande skuggorna och balansera din exponering.

Så där har ni det, gott folk! Att balansera ljus och skugga handlar om att förstå exponering och använda tekniker som exponeringskompensation, HDR-fotografering och strategisk belysning för att fånga detaljer i både de ljusaste högdagrarna och de mörkaste skuggorna i din scen. Så fortsätt, experimentera med olika tekniker och se vad som fungerar bäst för dina foton!

Fånga rörelse: Tips för actionfotografering

Okej, låt oss röra på oss och prata om actionfotografering! Oavsett om du fångar idrottare mitt i tävlingen eller vilda djur i deras naturliga miljö, kan du behärska konsten att fånga rörelser ta dina bilder till nästa nivå.

Först och främst, låt oss prata om slutartid. När det kommer till actionfotografering är en snabb slutartid din bästa vän. Det låter dig frysa rörelser och fånga de där ögonblicken på en del av en sekund med klarhet och precision. För de flesta actionbilder vill du använda en slutartid på minst 1/500-dels sekund eller snabbare. Detta säkerställer att dina motiv är skarpa och i fokus, även när de rör sig i höga hastigheter.

Låt oss sedan prata om att spåra ditt ämne. Detta är särskilt viktigt när du fotograferar snabbt rörliga motiv som bilar, idrottare eller vilda djur. Håll kamerans fokuspunkt på ditt motiv och panorera smidigt med dem när de rör sig. Detta hjälper dig att hålla ditt motiv skarpt och i fokus samtidigt som bakgrunden blir suddig, vilket skapar en känsla av hastighet och rörelse i dina bilder.

Och på tal om bakgrund, var uppmärksam på vad som finns bakom ditt motiv. En rörig eller distraherande bakgrund kan ta bort effekten av din actionbild. Leta efter rena, stilrena bakgrunder som gör att ditt motiv sticker ut och intar scenen.

Nu ska vi prata om inramning och komposition. När du fotograferar action, försök att förutse motivets rörelse och placera dig själv därefter. Använd ledande linjer eller tredjedelsregeln för att skapa dynamiska kompositioner som drar betraktarens blick mot handlingen. Och var inte rädd för att experimentera med olika vinklar och perspektiv för att fånga unika och intressanta bilder.

Och slutligen, glöm inte timing. Timing är allt inom actionfotografering. Håll fingret på avtryckaren och var redo att fånga det avgörande ögonblicket när den visar sig. Ibland tar det bara en bråkdel av en sekund att fånga den perfekta bilden, så ha tålamod och håll fokus.

Så där har ni det, gott folk! Att fånga rörelse handlar om att använda en snabb slutartid, spåra ditt motiv, vara uppmärksam på din bakgrund, rama in din bild effektivt och ta rätt tid för slutarutlösningen. Så ta tag i kameran, gå ut och börja fånga dessa actionfyllda ögonblick!

Porträttfotografering: Posering och kommunikation

Låt oss dyka in i porträttfotografering världen, där det är nyckeln till att fånga essensen av ditt motiv. Posering och kommunikation spelar avgörande roller för att skapa fantastiska porträtt som verkligen resonerar med tittarna.

Först och främst, låt oss prata om posering. Posering kan göra eller bryta ett porträtt, så det är viktigt att styra ditt motiv till smickrande och naturliga positioner. Börja med att få ditt motiv att känna sig bekvämt och avslappnat. Uppmuntra dem att stå eller sitta på ett sätt som känns naturligt för dem, undvik stela eller besvärliga poser. Var uppmärksam på deras kroppsspråk och ansiktsuttryck, och gör subtila justeringar efter behov för att förbättra deras hållning och övergripande utseende.

När det kommer till posering är mindre ofta mer. Fokusera på att fånga deras personlighet och karaktär i stället för att posera ditt motiv. Uppmuntra dem att interagera med sin omgivning, oavsett om det är genom rörelser, uttryck eller gester. Uppriktiga ögonblick kan ofta resultera i de mest autentiska och övertygande porträtten, så var inte rädd för att låta ditt motivs personlighet skina igenom.

Kommunikation är en annan viktig aspekt av porträttfotografering. Att bygga relation med ditt motiv är nyckeln till att skapa en avslappnad och trevlig atmosfär under fotograferingen. Ta dig tid att lära känna ditt ämne, fråga om deras intressen och passioner och lyssna på deras idéer och preferenser. Att skapa förtroende och relation kommer inte bara att få ditt motiv att känna sig bekvämare framför kameran utan kommer också att möjliggöra mer äkta och meningsfulla porträtt.

Kommunicera tydligt och effektivt med ditt motiv under fotograferingen. Ge försiktig vägledning och vägledning när det behövs, ge feedback och uppmuntran för att hjälpa dem att känna sig trygga och tillfreds. Var öppen för samarbete och experiment, låt ditt motiv uttrycka sig kreativt och bidra med sina egna idéer till fotograferingen.

Slutligen, glöm inte att hålla kommunikations linjerna öppna även efter fotograferingen. Dela din vision och dina idéer med ditt ämne och bjud in dem att ge feedback på de slutliga bilderna. Att bygga en samarbetsrelation med ditt motiv kan leda till mer tillfredsställande och slagkraftiga porträtt i det långa loppet.

Så där har ni det, gott folk! Porträttfotografering handlar om mer än att bara fånga en likhet – det handlar om att få kontakt med ditt motiv på en djupare nivå och skapa bilder som speglar deras unika personlighet och anda. Så ta tag i kameran, bygg en relation med ditt motiv och låt deras essens lysa igenom i dina porträtt.

Landskapsfotografering: Hitta den perfekta bilden

Låt oss ge oss ut på ett äventyr genom landskapsfotografering världen, där att fånga naturens skönhet är vårt yttersta mål. Att hitta den perfekta bilden mitt i vidsträckta landskap kräver tålamod, kreativitet och ett skarpt öga för detaljer.

För det första är scoutplatser nyckeln. Utforska olika områden, både bekanta och nya, för att upptäcka unika landskap som inspirerar dig. Tänk på faktorer som ljus, väderförhållanden och tid på dagen när du planerar din fotografering. Soluppgång och solnedgång ger ofta den mest fantastiska belysningen för landskapsfotografering, kastar varma, gyllene nyanser över landskapet och skapar dramatiska skuggor och höjdpunkter.

När du har hittat din plats, ta dig tid att studera scenen och identifiera potentiella fokuspunkter. Leta efter intressanta funktioner som klippformationer, träd, vattenfall eller slingrande stigar som kan fungera som visuella ankare i din komposition. Tänk på förgrunds-, mellan- och bakgrund elementen för att skapa djup och dimension i dina foton.

Komposition är avgörande vid landskapsfotografering. Experimentera med olika tekniker som tredjedelsregeln, ledande linjer och inramning för att skapa visuellt övertygande kompositioner. Var uppmärksam på balansen mellan elementen inom ramen och sträva efter att skapa en känsla av harmoni och balans i dina bilder.

Var inte rädd för att bli kreativ med dina perspektiv. Experimentera med olika vinklar, höjder och utsiktspunkter för att hitta den mest fängslande kompositionen. Ibland kan det att gå ner lågt eller klättra till högre mark helt förändra en scen och erbjuda ett nytt perspektiv.

Tålamod är en dygd inom landskapsfotografering. Moder Natur samarbetar inte alltid, så var beredd att vänta på det perfekta ögonblicket för att fånga din bild. Var tålmodig och observant, och var redo att ta tillfället i akt när ljuset och förhållandena passar precis rätt.

Slutligen, glöm inte att fördjupa dig i nuet och få kontakt med landskapets skönhet. Tillåt dig själv att vara närvarande och till fullo uppleva naturens imponerande underverk. Din passion och uppskattning för landskapet kommer att lysa igenom i dina foton, vilket skapar bilder som resonerar med tittarna på en djupare nivå.

Så där har ni det, äventyrare! Landskapsfotografering handlar om att omfamna naturens skönhet, utforska nya horisonter och fånga magin i världen omkring oss. Så ta tag i kameran, ge dig ut i naturen och låt landskapet inspirera din kreativitet.

Makrofotografering: Utforska detaljerna

Låt oss ge oss ut på en resa in i makro fotografiets fascinerande värld, där även de minsta detaljerna blir extraordinära. Makrofotografering låter oss utforska den invecklade skönheten i världen omkring oss, fånga motiv på nära håll och avslöja fantastiska detaljer som annars skulle kunna gå obemärkt förbi.

Först, låt oss prata om utrustning. Ett dedikerat makroobjektiv är viktigt för att få skarpa, detaljerade bilder av små motiv. Dessa linser är designade för att fokusera på nära avstånd och ge en hög förstoringsgrad, vilket gör att du kan fånga även de minsta detaljerna med klarhet och precision. Om du inte har ett makroobjektiv kan förlängningsrör eller närbildsfilter också användas för att uppnå makro liknande resultat med ditt befintliga objektiv.

Belysning är en annan viktig aspekt av makrofotografering. Eftersom du kommer att arbeta med små motiv och nära avstånd kan även små rörelser resultera i rörelseoskärpa. För att säkerställa skarpa, tydliga bilder, använd ett stativ för att stabilisera din kamera och en fjärrutlösare eller timer för att minimera kameraskakningar. Överväg att använda diffus eller indirekt belysning för att mjuka upp hårda skuggor och framhäva de intrikata detaljerna i ditt motiv.

När det kommer till komposition, tänk utanför boxen. Utforska olika vinklar, perspektiv och inramning tekniker för att skapa visuellt övertygande bilder. Experimentera med kort skärpedjup för att isolera ditt motiv och skapa en känsla av djup och dimension i dina bilder. Var uppmärksam på mönster, texturer och former inom ditt motiv och leta efter möjligheter att framhäva dessa detaljer i din komposition.

Tålamod är nyckeln i makrofotografering. Små motiv kan vara svårfångade och oförutsägbara, så var beredd att spendera tid på att observera och vänta på det perfekta ögonblicket för att fånga din bild. Ta dig tid att utforska ditt ämnes krångligheter, experimentera med olika kompositioner och perspektiv tills du hittar den perfekta balansen mellan form och detaljer.

Och glöm inte att ha kul! Makrofotografering erbjuder oändliga möjligheter för utforskning och upptäckt, vilket gör att du kan se världen på ett helt nytt sätt. Anta utmaningen att fånga skönheten i småskaliga ämnen och låt din kreativitet skjuta i höjden.

Så där har ni det, äventyrare! Makrofotografering inbjuder oss att utforska detaljerna i världen omkring oss och avslöja dold skönhet i de minsta motiven. Så ta tag i kameran, ge dig ut i mikrokosmos och låt de intrikata detaljerna inspirera din kreativitet.

Gatufotografering: Etiskt navigera i offentliga utrymmen

Låt oss gå ut på gatorna och utforska gatu fotografiets livliga värld, där varje hörn rymmer en historia som väntar på att bli berättad. Men innan vi dyker in i att fånga uppriktiga ögonblick i offentliga utrymmen, är det viktigt att överväga de etiska implikationerna och ansvaret som kommer med denna genre av fotografi.

Först och främst, respektera integriteten och värdigheten för dina undersåtar. När du fotograferar människor i offentliga utrymmen, fråga alltid dig själv om din närvaro och din kamera kan göra dem obekväma eller invadera deras integritet. Om någon uttrycker obehag eller uttryckligen ber om att inte bli fotograferad, respektera deras önskemål och gå vidare. Kom ihåg att människor inte är rekvisita eller föremål för dina bilder – de är individer med sina egna liv och berättelser.

Var uppmärksam på kulturell känslighet och sociala normer. Olika kulturer har olika attityder till fotografi, och det som kan vara acceptabelt i ett sammanhang kan vara stötande eller påträngande i ett annat. Ta dig tid att utbilda dig själv om de kulturella och sociala normerna för de samhällen du fotograferar, och närma dig dina ämnen med lyhördhet och respekt.

Tänk på i vilket sammanhang du fotograferar. Offentliga utrymmen är gemensamma utrymmen och alla har rätt att känna sig trygga och bekväma i sin omgivning. Var medveten om din omgivning och hur din närvaro kan påverka människorna omkring dig. Undvik att fotografera känsliga eller sårbara motiv utan deras samtycke, och var alltid uppmärksam på de potentiella konsekvenserna av dina handlingar.

Var transparent om dina avsikter som fotograf. Om någon frågar vad du gör eller varför du tar deras foto, var ärlig och respektfull i ditt svar. Att bygga förtroende och relation till dina motiv kan räcka långt för att skapa autentisk och meningsfull gatufotografering.

Och slutligen, överväg de etiska konsekvenserna av att dela dina foton. Fråga dig själv om dina foton på ett korrekt sätt representerar de personer och samhällen du fotograferar, och om att dela dem tjänar ett legitimt syfte. Var uppmärksam på den potentiella inverkan dina bilder kan ha på dina motivs liv och skaffa alltid samtycke innan du delar bilder på identifierbara individer.

Sammanfattningsvis handlar gatufotografering om mer än att bara fånga övertygande bilder – det handlar om att navigera i offentliga utrymmen etiskt och ansvarsfullt, respektera dina motivs värdighet och integritet och använda din kamera som ett verktyg för berättande och koppling. Så ge dig ut på gatorna med empati, nyfikenhet och respekt, och låt stadens berättelser utspelas framför ditt objektiv.

Eventfotografering: Fånga ögonblick med nåd

Låt oss kliva in i händelse fotograferingens dynamiska värld, där varje klick på slutaren har potential att frysa ett ögonblick i tiden och bevara kära minnen. Oavsett om det är ett bröllop, en födelsedagsfest eller ett företagsevent handlar evenemangsfotografering om att fånga tillfällets essens och atmosfär med elegans och finess.

Först och främst, gå till varje evenemang med en positiv och professionell attityd. Som evenemangsfotograf är du inte bara en dokumentär; du är också en berättare med uppgift att fånga känslor, interaktioner och speciella ögonblick som utspelar sig under evenemanget. Var beredd på att anpassa dig till olika situationer och miljöer, och sträva alltid efter att behålla ett lugnt och sammansatt uppträdande, även mitt i kaoset.

Kommunikation är nyckeln i evenemangsfotografering. Innan evenemanget börjar, ta dig tid att träffa dina kunder eller arrangörer för att diskutera deras förväntningar, preferenser och eventuella specifika bilder de vill fångas. Att etablera tydliga kommunikationslinjer och förståelse kommer att säkerställa att du kan leverera bilder som uppfyller deras behov och överträffar deras förväntningar.

Var proaktiv och engagerad under evenemanget. Förutse viktiga ögonblick och var redo att fånga dem när de inträffar. Leta efter uppriktiga interaktioner, genuina känslor och spontana stunder av glädje eller firande. Var inte rädd för att bli kreativ med dina kompositioner och perspektiv, utan prioritera alltid att fånga händelsens essens och atmosfär i dina bilder.

Var respektfull för dina undersåtars gränser och integritet. Även om det är viktigt att fånga autentiska och uppriktiga ögonblick, är det lika viktigt att göra det på ett sätt som respekterar värdigheten och integriteten för de personer du fotograferar. Undvik att inkräkta på intima eller personliga stunder och skaffa alltid samtycke innan du tar närbilder eller uppriktiga bilder på individer.

Efter evenemanget, ta dig tid att noggrant kurera och redigera dina foton. Välj de bästa bilderna som berättar historien om händelsen och visar upp dagens känslor och höjdpunkter. Var uppmärksam på färgkorrigering, exponering och komposition för att säkerställa att dina bilder är av högsta kvalitet och återspeglar händelsens anda.

Sammanfattningsvis handlar händelse fotografering om mer än att bara ta bilder – det handlar om att fånga ögonblick med elegans, lyhördhet och professionalism. Genom att närma dig varje händelse med empati, kommunikation och respekt för dina motiv, kommer du att kunna skapa foton som inte bara dokumenterar tillfället utan också bevarar de minnen och känslor som gör det speciellt.

Arkitektonisk fotografi: Framhäv design och detalj

Välkommen till en värld av arkitektonisk fotografi, där varje byggnad berättar en historia och varje detalj talar mycket om designerns kreativitet och vision. Arkitektonisk fotografering handlar om att fånga skönheten, formen och funktionaliteten hos byggnader på ett sätt som framhäver deras unika design och detaljer.

Först och främst, ta dig tid att studera och förstå arkitekturen du fotograferar. Var uppmärksam på byggnadens linjer, former och texturer, såväl som dess övergripande estetik och syfte. Tänk på arkitektens avsikter och det sammanhang som byggnaden ritades i, och sträva efter att fånga dessa element i dina bilder.

Belysning spelar en avgörande roll i arkitekturfotografering. Var uppmärksam på ljusets riktning och kvalitet, såväl som tiden på dagen, när du planerar din fotografering. Mjukt, diffust ljus kan hjälpa till att framhäva byggnadens detaljer och texturer, medan hårt, direkt ljus kan skapa dramatiska skuggor och kontraster. Experimentera med olika ljusförhållanden för att hitta de mest smickrande och effektfulla effekterna för dina foton.

Komposition är nyckeln i arkitekturfotografi. Leta efter intressanta vinklar, perspektiv och utsiktspunkter som visar upp byggnaden i sitt bästa ljus. Överväg att använda ledande linjer, symmetri och inramning tekniker för att skapa dynamiska och visuellt övertygande kompositioner. Var uppmärksam på balansen och symmetrin i byggnadens element, och sträva efter att skapa kompositioner som är både estetiskt tilltalande och intellektuellt stimulerande.

När du fotograferar arkitektoniska detaljer, var inte rädd för att komma på nära håll. Zooma in på intrikata mönster, texturer och material för att fånga byggnadens unika karaktär och hantverk. Leta efter möjligheter att lyfta fram intressanta funktioner som fönster, dörrar, pelare och fasader, och experimentera med olika brännvidder och bländare för att skapa djup och dimension i dina foton. Och slutligen, glöm inte efterbearbetningen. Använd redigeringsprogram för att finjustera dina bilder, justera färgbalans, kontrast och exponering för att förbättra arkitekturens skönhet och genomslagskraft. Var uppmärksam på detaljer som perspektivkorrigering och linsförvrängning och sträva efter en ren, polerad finish som framhäver den arkitektoniska designen och detaljerna.

Sammanfattningsvis handlar arkitekturfotografi om mer än att bara ta bilder av byggnader – det handlar om att fånga arkitekturens väsen och anda på ett sätt som framhäver dess skönhet, form och funktionalitet. Genom att uppmärksamma ljussättning, komposition och detaljer, och närma dig varje byggnad med nyfikenhet, kreativitet och respekt, kommer du att kunna skapa foton som inte bara dokumenterar arkitekturen utan också hyllar dess unika karaktär och betydelse.

Resefotografering: Dokumentera dina äventyr

Välkommen till den spännande världen av resefotografi, där varje destination är en ny möjlighet att fånga skönheten, kulturen och andan på de platser du besöker. Oavsett om du utforskar exotiska landskap, fördjupar dig i pulserande städer eller upplever nya kulturer, låter resefotografering dig dokumentera dina äventyr och dela dina upplevelser med världen.

Först och främst, fördjupa dig i ögonblicket och omfamna äventyrs andan. Resefotografering handlar inte bara om att ta bilder – det handlar om att berätta historier och fånga essensen av din resa. Var nyfiken, öppen och villig att utforska nya platser och kulturer med en känsla av förundran och spänning.

När du planerar dina resefotoäventyr, ta dig tid att undersöka dina destinationer och identifiera viktiga punkter av intresse. Tänk på de ikoniska landmärken, naturliga under och kulturattraktioner som du vill fotografera, såväl som de dolda pärlor och platser utanför allfarvägen som erbjuder unika möjligheter för utforskning och upptäckt.

Belysning är avgörande vid resefotografering. Var uppmärksam på ljusets kvalitet och riktning, såväl som tiden på dagen, när du planerar dina fotograferingar. Tidig morgon och sen eftermiddag kallas ofta de gyllene timmarna, eftersom de erbjuder mjukt, varmt ljus som är idealiskt för fotografering. Var dock inte rädd för att experimentera med olika ljusförhållanden och fotografering tekniker för att fånga stämningen och atmosfären på varje plats.

Komposition är nyckeln i resefotografering. Leta efter intressanta vinklar, perspektiv och utsiktspunkter som visar upp skönheten och det unika i din omgivning. Använd ledande linjer, symmetri och inramning tekniker för att skapa visuellt övertygande kompositioner som drar in betraktarens blick i scenen.

Glöm inte att fånga de små ögonblicken och detaljerna som gör varje destination speciell. Oavsett om det är en lokal gatumarknad, en färgstark väggmålning eller en traditionell kulturell ceremoni, kan dessa små ögonblick ofta berätta de mest övertygande historierna och framkalla de starkaste känslorna i dina bilder.

Slutligen, var inte rädd för att experimentera och ha kul med din fotografering. Resefotografering handlar om att omfamna det oväntade och ta vara på ögonblicket, så var inte rädd för att ta dig ur din komfortzon och prova nya saker. Lita på dina instinkter, följ din passion och låt din kreativitet vägleda dig när du dokumenterar dina äventyr och delar dina berättelser med världen.

Sammanfattningsvis handlar resefotografering om mer än att bara ta bilder – det handlar om att fånga magin i dina äventyr och dela dina upplevelser med andra. Genom att fördjupa dig i nuet, omfamna äventyrs andan och närma dig varje destination med nyfikenhet, kreativitet och respekt, kommer du att kunna skapa foton som inte bara dokumenterar dina resor utan också inspirerar andra att utforska världen runt dem.

Wildlife Photography: Respektfull observation och säkerhet

Välkommen till den spännande världen av vilt fotografering, där varje möte med naturen är en chans att fånga djurrikets skönhet och majestät.

Men med stora möjligheter följer ett stort ansvar, särskilt när det gäller att respektera vilda djur och säkerställa din egen säkerhet. Prioritera först och främst välmående och säkerhet för de djur du fotograferar. Kom ihåg att du är en gäst i deras naturliga miljö, och din närvaro bör inte orsaka dem onödig stress eller skada. Håll ett säkert avstånd från vilda djur och undvik att störa eller provocera dem på något sätt. Använd ett teleobjektiv för att ta närbilder på avstånd utan att inkräkta på deras utrymme.

Var tålmodig och observant. Vilt Fotografering kräver tid och tålamod, samt ett skarpt öga för detaljer och beteende. Ta dig tid att observera dina ämnen på avstånd och lär dig deras vanor och rutiner. Leta efter möjligheter att fånga naturliga beteenden och interaktioner, snarare än att försöka iscensätta eller manipulera scenen.

Respektera skyddade områden och viltbestämmelser. Många naturliga livsmiljöer är skyddade enligt lag och att störa eller skada vilda djur i dessa områden kan få allvarliga konsekvenser. Bekanta dig med lokala bestämmelser och riktlinjer för fotografering av vilda djur och följ dem alltid till punkt och pricka.

Öva etiska fotografering tekniker. Undvik att använda bete, samtal eller andra metoder för att attrahera eller manipulera vilda djur för ett fotos skull. Respektera de gränser och begränsningar som sätts av vilda naturvårdsorganisationer och riktlinjer för etisk fotografering. Kom ihåg att djurens välbefinnande alltid ska komma först.

Håll dig säker hela tiden. Fotografering av vilda djur kan vara spännande, men det kan också vara farligt om lämpliga försiktighetsåtgärder inte vidtas. Var medveten om din omgivning och potentiella faror, såsom brant terräng, oförutsägbart väder eller aggressiva djur. Håll alltid ett säkert avstånd från vilda djur och närma dig eller försök aldrig röra dem.

Sammanfattningsvis är fotografering av vilda djur en spännande och givande sysselsättning, men det kommer också med stort ansvar. Genom att respektera vilda djur, utöva etiska fotografering tekniker och prioritera säkerhet hela tiden, kan du fånga fantastiska bilder samtidigt som du säkerställer djurens och dig själv välbefinnande. Så ta tag i kameran, ge dig ut i naturen och låt naturens skönhet inspirera din fotografering.

Grundläggande redigering: Förbättra dina foton

Välkommen till en värld av fotoredigering, där du kan ta dina bilder från bra till bra med bara några få justeringar och justeringar. Oavsett om du är nybörjare eller ett erfaret proffs, kan du genom att bemästra grunderna i fotoredigering förbättra dina foton och ta fram deras fulla potential.

Först och främst, välj rätt redigeringsprogram för dina behov. Det finns många alternativ där ute, från enkla smartphone appar till kraftfulla skrivbordsprogram. Experimentera med olika program tills du hittar en som passar ditt arbetsflöde och erbjuder de funktioner du behöver för att uppnå önskat resultat.

När du har valt ditt redigeringsprogram, bekanta dig med dess grundläggande verktyg och funktioner. De flesta redigeringsprogram kommer att erbjuda verktyg för att justera exponering, kontrast, färgbalans och skärpa, såväl som mer avancerade funktioner som selektiv redigering och retuschering. Ta dig tid att utforska dessa verktyg och experimentera med olika justeringar för att se hur de påverkar dina foton.

När det kommer till redigering är mindre ofta mer. Motstå frestelsen att gå överbord med filter och effekter, och fokusera istället på att göra subtila, naturliga justeringar som förbättrar det övergripande utseendet och känslan av dina foton. Var uppmärksam på detaljer som exponering, färgbalans och komposition, och sträva efter att skapa en balanserad och harmonisk bild.

Börja med att göra globala justeringar av hela bilden, som att justera exponering och kontrast för att få fram detaljer i skuggorna och högdagrarna. Gå sedan vidare till mer riktade justeringar, som att justera individuella färger eller toner för att skapa en specifik stämning eller atmosfär.

Var inte rädd för att experimentera och prova nya saker. Redigering är en kreativ process, och det finns inget rätt sätt att göra det på. Lita på dina instinkter och låt din kreativitet vägleda dig när du utforskar olika tekniker och effekter.

Och slutligen, glöm inte att spara dina redigeringar som en ny fil eller göra en säkerhetskopia av ditt originalfoto innan du börjar redigera. På så sätt kan du alltid gå tillbaka till originalet om du inte är nöjd med resultatet eller om du vill prova ett annat tillvägagångssätt.

Sammanfattningsvis är fotoredigering ett kraftfullt verktyg för att förbättra dina bilder och ta fram deras fulla potential. Genom att behärska grunderna i redigeringsprogram, experimentera med olika justeringar och effekter och lita på dina kreativa instinkter, kan du ta dina foton till nästa nivå och skapa fantastiska bilder som verkligen sticker ut. Så ta tag i kameran, börja fotografera och låt din kreativitet lysa igenom i dina redigeringar.

Introduktion till fotoredigeringsprogram

Välkommen till en värld av fotoredigeringsprogram, där du har kraften att förvandla dina foton och släppa loss din kreativitet. Oavsett om du är nybörjare som vill förbättra dina ögonblicksbilder eller ett erfaret proffs som strävar efter perfektion, erbjuder fotoredigeringsprogram ett brett utbud av verktyg och funktioner som hjälper dig att uppnå din vision.

Fotoredigeringsprogram finns i många former och storlekar, allt från enkla mobilappar till sofistikerade skrivbordsprogram. Några populära alternativ inkluderar bland annat Adobe Photoshop, Adobe Lightroom, Capture One, GIMP och Affinity Photo. Varje programvara har sina egna unika funktioner och möjligheter, så det är viktigt att välja en som passar dina behov och preferenser.

I grunden låter fotoredigeringsprogram dig göra ett brett utbud av justeringar av dina foton, inklusive exponering, färgbalans, kontrast, skärpa och mer. Du kan också beskära och räta ut dina bilder, ta bort oönskade föremål eller fläckar och använda kreativa effekter och filter för att förbättra det övergripande utseendet och känslan av dina foton.

En av de viktigaste fördelarna med fotoredigeringsprogram är dess icke-destruktiva redigerings arbetsflöde. Detta innebär att ditt originalfoto förblir orört och alla redigeringar appliceras på ett separat lager eller fil, så att du kan återgå till originalet när som helst. Detta ger dig friheten att experimentera och prova nya saker utan att behöva oroa dig för att förstöra din originalbild.

De flesta fotoredigeringsprogram erbjuder också kraftfulla verktyg för organisation och arbetsflödeshantering, så att du enkelt kan importera, organisera och kategorisera dina foton. Du kan skapa anpassade mappar och album, lägga till nyckelord och metadata till dina bilder och till och med batch bearbeta flera foton samtidigt för att spara tid och effektivisera ditt arbetsflöde.

Oavsett om du är en hobbyist eller en professionell fotograf, är att behärska fotoredigeringsprogram en viktig färdighet som kan ta dina bilder till nästa nivå. Genom att bekanta dig med verktygen och funktionerna i din valda programvara, experimentera med olika tekniker och effekter och lita på dina kreativa instinkter, kan du låsa upp den fulla potentialen hos dina foton och skapa fantastiska bilder som verkligen sticker ut.

Så oavsett om du redigerar på din dator eller är på språng med din smartphone, dyk in i världen av fotoredigeringsprogram och släpp lös din kreativitet idag!

Förstå färgkorrigering och vitbalans

Okej, låt oss prata om färgkorrigering och vitbalans – två viktiga aspekter av fotoredigering som kan göra en enorm skillnad i utseendet och känslan av dina bilder. I grund och botten är färgkorrigering som att finjustera färgerna i din bild för att få dem att se så naturliga och verklighetstrogna ut som möjligt. Och vitbalans? Tja, det handlar om att se till att det vita i ditt foto faktiskt ser vita ut, oavsett vilken typ av ljusförhållanden du fotograferade i.

Så varför spelar färgkorrigering roll? Nåväl, har du någonsin tagit ett foto och märkt att färgerna bara ser lite off? Kanske är de gröna för mättade, eller så ser de blåa ut för coola. Det är där färgkorrigering kommer in. Genom att justera nivåerna för olika färger i din bild kan du skapa ett mer balanserat och visuellt tilltalande resultat.

Nu ska vi prata om vitbalans. Har du någonsin tagit ett foto inomhus och märkt att allt ser lite orange ut? Eller så kanske du har tagit ett foto utomhus en molnig dag, och allt ser lite för blått ut. Det beror på att olika ljusförhållanden kan påverka färgtemperaturen på dina foton. Med vitbalans kan du justera färgtemperaturen på din bild för att se till att vitt ser vita ut, oavsett ljusförhållandena.

De flesta fotoredigeringsprogram kommer att erbjuda verktyg och förinställningar för färgkorrigering och vitbalans, vilket gör det enkelt att justera färgerna och tonerna på dina bilder med bara några klick. Experimentera med olika inställningar och justeringar tills du hittar rätt balans för ditt foto.

Och kom ihåg att det inte finns något som passar alla för färgkorrigering och vitbalans. Det handlar om att hitta den rätta balansen som fungerar för ditt foto och förbättrar dess övergripande utseende och känsla. Så var inte rädd för att experimentera och lita på dina kreativa instinkter. Med lite övning kommer du att bli en färgkorrigerings- och vitbalans sus på nolltid!

Retuschering Tekniker: Förbättra porträtt

Okej, låt oss dyka in i retuscheringens värld, där vi kan förvandla porträtt från fantastiska till fantastiska! Retuschering handlar om att förstärka den naturliga skönheten hos dina motiv samtidigt som det ser äkta och verklighetstrogna ut. Oavsett om du tar bort fläckar, jämnar ut hud eller justerar färger och toner, kan retuschering hjälpa dig att skapa porträtt som verkligen lyser.

Först till kvarn, låt oss prata om hudretuschering. Fläckar, rynkor och brister är en naturlig del av livet, men det betyder inte att de måste vara i centrum i dina porträtt. Använd helande verktyg och penslar för att försiktigt ta bort eventuella störande fläckar eller fläckar, var noga med att inte överdriva det och få ditt motiv att se ut som en porslinsdocka.

Låt oss sedan jämna ut huden. Nu är det här det kan bli lite knepigt. Du vill jämna ut hudtonen och strukturen utan att helt utplåna de naturliga konturerna och egenskaperna i ditt motivs ansikte. Använd verktyg som klonstämpeln eller frekvensseparation för att blanda och mjuka upp områden med ojämn textur, var uppmärksam på att behålla ett naturligt utseende och känsla.

Färg- och ton justeringar kan också bidra till att förbättra dina porträtt. Använd justeringslager och kurvor för att finjustera färgerna och tonerna i din bild, och se till att motivets hud ser frisk och levande ut utan att se alltför mättad eller onaturlig ut. Var uppmärksam på detaljer som skuggor och högdagrar, och gör subtila justeringar för att få fram det bästa i ditt motivs egenskaper.

Och glöm inte ögonen! Ögonen är själens fönster, som man säger, så se till att de är gnistrande och fulla av liv i dina porträtt. Använd dodge- och brännverktyg för att lysa upp och förstärka ögonen, ge djup och dimension till ditt motivs blick.

Slutligen, kom ihåg att mindre ofta är mer när det gäller retuschering. Målet är att förbättra ditt motivs naturliga skönhet, inte helt förändra deras utseende. Var subtil och återhållsam i dina retuschering tekniker, och håll alltid ditt motivs integritet och autenticitet i åtanke.

Sammanfattningsvis är retuschering ett kraftfullt verktyg för att förbättra porträtt och få fram det bästa i dina motiv. Genom att använda en kombination av helande verktyg, hudutjämnande tekniker, färg- och ton justeringar och noggrann uppmärksamhet på detaljer kan du skapa porträtt som verkligen lyser. Så ta tag i kameran, börja fotografera och låt din kreativitet skjuta i höjden när du retuscherar dig fram till fantastiska porträtt!

Skapa fantastisk svartvit fotografi

Låt oss utforska den fängslande världen av svartvit fotografi, där gråtoner kan framkalla känslor, drama och tidlös elegans. Oavsett om du fångar landskap, porträtt eller gatuscener erbjuder svartvit fotografering en unik möjlighet att skapa slående bilder som står sig över tiden.

Först och främst, låt oss prata om kontrastens kraft. I svartvit fotografering är kontrast nyckeln till att skapa djup och dramatik i dina bilder. Leta efter scener med starkt ljus och skugga, samt intressanta texturer och mönster som kommer att dyka upp i svart och vitt. Experimentera med olika ljusförhållanden och exponeringsinställningar för att maximera kontrasten i dina foton.

Komposition är en annan viktig aspekt av svartvit fotografering. Utan färgens distraktion står kompositionens element – som linje, form och form – i centrum. Leta efter starka linjer och former som leder betraktarens öga genom bilden, och experimentera med olika vinklar och perspektiv för att skapa dynamiska kompositioner.

Var uppmärksam på tonomfånget i dina bilder. Svartvit fotografering handlar om att fånga ett brett spektrum av toner, från djupa svärta till ljusa vita och allt däremellan. Använd redigeringsprogram för att finjustera ton balansen i dina bilder, och se till att bevara detaljer i både högdagrar och skuggor.

Var inte rädd för att experimentera med filter och effekter för att förbättra stämningen och atmosfären i dina svartvita bilder. Ett rött filter kan till exempel fördjupa skuggorna och lägga till dramatik till dina bilder, medan ett blått filter kan skapa en coolare, mer eterisk look. Lek med olika effekter tills du hittar den perfekta för ditt foto.

Och till sist, öva, öva, öva! Liksom alla former av fotografering tar det tid och engagemang att skapa fantastiska svartvita bilder. Ta dig tid att studera mästerliga svartvita fotografers arbete och öva på dina färdigheter när du kan. Med tålamod och uthållighet kommer du att kunna ta fantastiska svartvita bilder som lämnar ett bestående intryck.

Sammanfattningsvis erbjuder svartvit fotografering en unik möjlighet att skapa tidlösa, suggestiva bilder som sticker ut från mängden. Genom att bemästra principerna för kontrast, komposition, tonomfång och experimenterande kan du skapa fantastiska svartvita foton som fångar skönheten och essensen i världen omkring dig. Så ta tag i kameran, omfamna den monokroma paletten och låt din kreativitet skjuta i höjden när du utforskar den fängslande världen av svartvit fotografering!

Skriva ut och visa dina foton

Nu när du har tagit och redigerat dina fantastiska bilder är det dags att väcka dem till liv i den fysiska världen. Oavsett om du skriver ut dina foton för att hänga på väggen, skapar ett fotoalbum eller visar dem i ett galleri, finns det några saker att tänka på för att se till att dina foton ser så bra ut som möjligt.

Först till kvarn, välj rätt utskriftsmetod och papper. Det finns otaliga alternativ tillgängliga, från traditionella tryck på glättat eller matt papper till mer moderna alternativ som metalltryck eller canvas-omslag. Tänk på stilen och estetiken på dina foton, samt var de kommer att visas, när du väljer rätt utskriftsmetod och papperstyp.

När det kommer till utskrift är upplösning nyckeln. Se till att dina foton har hög upplösning och rätt storlek för den utskriftsstorlek du vill ha. Detta säkerställer att dina utskrifter är skarpa, tydliga och fria från pixel bildning eller förvrängning. Om du inte är säker på upplösningen på dina foton, rådgör med din utskriftstjänst eller läs deras riktlinjer för optimal utskriftskvalitet.

Tänk på alternativen för inramning och mattning för dina utskrifter. En väl vald ram och matta kan förbättra det övergripande utseendet och känslan av dina foton, och komplettera deras stil och estetik. Experimentera med olika inramningsalternativ för att hitta den perfekta kombinationen som framhäver dina foton och lägger till en touch av elegans till din display.

Om du skapar ett fotoalbum eller en bok, var uppmärksam på layouten och designen. Organisera dina foton på ett sätt som berättar en historia eller framhäver ett tema, och lägg till bildtexter eller kommentarer för att ge sammanhang och förbättra tittarnas förståelse av ditt arbete. Ta dig tid att designa en layout som flyter smidigt och visar upp dina bilder i bästa möjliga ljus.

Och slutligen, glöm inte att skydda dina utskrifter från skador och försämring. Använd material av arkivkvalitet och UV-skyddande glas eller akryl för att skydda dina utskrifter från blekning, missfärgning och miljöskador. Korrekt inramnings- och visningsteknik kan hjälpa till att säkerställa att dina utskrifter förblir levande och vackra i många år framöver.

Sammanfattningsvis är utskrift och visning av dina foton ett viktigt steg i den kreativa processen, vilket gör att du kan dela ditt arbete med världen och njuta av det i ditt eget utrymme. Genom att välja rätt utskriftsmetod och papper, vara uppmärksam på upplösning och inramningsalternativ och vidta åtgärder för att skydda dina utskrifter, kan du skapa fantastiska skärmar som visar upp dina foton i all sin glans. Så fortsätt, skriv ut dina foton, visa dem stolt och låt din kreativitet lysa!

Bygg din fotoportfölj

Okej, låt oss prata om att bygga en fantastisk fotografering portfölj som visar upp din talang, stil och vision. Oavsett om du precis har börjat eller vill ta din fotokarriär till nästa nivå, är en stark portfölj avgörande för att locka kunder, säkra spelningar och visa upp ditt arbete för världen.

Först till kvarn, kurera ditt bästa arbete. Din portfölj är en återspegling av dina färdigheter och kreativitet, så välj dina foton med omtanke. Välj ett brett utbud av bilder som visar din mångsidighet som fotograf, samtidigt som du behåller en sammanhållen stil och estetik. Sikta efter kvalitet framför kvantitet och var hänsynslös i din urvalsprocess – inkludera bara bilder som verkligen representerar ditt bästa arbete och visar upp din unika vision.

Tänk på strukturen och organisationen av din portfölj. Tänk på historien du vill berätta med ditt arbete och organisera dina bilder på ett sätt som flyter smidigt och engagerar tittaren. Du kan välja att organisera din portfolio efter tema, genre eller stil, eller ordna dina foton i kronologisk ordning för att visa din tillväxt och utveckling som fotograf. Oavsett vilket tillvägagångssätt du väljer, se till att din portfölj är lättnavigerad och visuellt tilltalande.

Presentation är nyckeln när det kommer till din portfölj. Investera i en portfölj bok av hög kvalitet eller skapa en snygg online portfölj som visar upp ditt arbete i bästa möjliga ljus. Var uppmärksam på detaljer som layout, design och typografi, och se till att din portfölj är polerad och ser professionell ut. Kom ihåg att din portfölj ofta är det första intrycket du kommer att göra på potentiella kunder eller samarbetspartners, så låt det räknas!

Var inte rädd för att uppdatera och uppdatera din portfölj regelbundet. När du växer och utvecklas som fotograf bör din portfolio spegla dina framsteg och spegla din nuvarande stil och estetik. Håll din portfölj dynamisk och uppdaterad genom att regelbundet lägga till nytt arbete och ta bort äldre bilder som inte längre representerar ditt bästa arbete. Och slutligen, glöm inte att marknadsföra din portfölj och dela den med världen. Använd sociala medier, din webbplats och nätverksevenemang för att visa upp ditt arbete och få kontakt med potentiella kunder och samarbetspartners. Var proaktiv i att söka efter möjligheter att dela din portfölj och få ditt arbete att se av så många människor som möjligt.

Sammanfattningsvis handlar det om att bygga en fotografering portfölj om att kurera ditt bästa arbete, organisera det effektivt och presentera det på ett sätt som visar din talang och vision. Genom att välja dina bästa bilder, organisera dem eftertänksamt och presentera dem professionellt kan du skapa en portfölj som sticker ut från mängden och hjälper dig att nå dina fotografiska mål. Så ge dig ut, börja fotografera och bygg din dröm portfölj!

Upphovsrätt och immateriella rättigheter: Skydda ditt arbete

Okej, låt oss prata om att skydda ditt kreativa arbete från obehörig användning och intrång. Som fotograf är dina bilder ditt levebröd, så det är viktigt att förstå dina rättigheter och vidta åtgärder för att skydda dem från missbruk.

Först och främst, låt oss prata om upphovsrätt. Upphovsrätt är en laglig rättighet som ger dig exklusiv kontroll över användningen och distributionen av ditt kreativa arbete. Som skapare av dina foton innehar du automatiskt upphovsrätten till dem så snart de skapas. Detta innebär att du har ensamrätt att reproducera, distribuera och visa dina foton, samt rätten att skapa härledda verk baserat på dem.

För att ytterligare skydda din upphovsrätt, överväg att registrera dina foton hos upphovsrätts kontoret i ditt land. Även om upphovsrättsskyddet är automatiskt, ger registrering ytterligare juridiska fördelar och gör det lättare att upprätthålla dina rättigheter i domstol om ditt verk kränks.

När det gäller att dela dina foton online, överväg att använda vattenstämplar eller bädda in upphovsrättsinformation i dina bilder för att förhindra obehörig användning. Även om vattenstämplar kan vara något påträngande, kan de också hjälpa till att identifiera ditt arbete och avskräcka potentiella intrång från att stjäla dina foton.

Var uppmärksam på att övervaka användningen av dina foton online. Använd verktyg för omvänd bildsökning för att spåra var dina foton används och vidta åtgärder för att åtgärda obehörig användning eller intrång. Det kan handla om att skicka meddelanden om upphörande och avstå, lämna in meddelanden om DMCA-borttagning eller vidta rättsliga åtgärder mot intrång.

Överväg att licensiera dina foton för kommersiellt bruk. Genom att licensiera dina bilder kan du ge andra tillstånd att använda ditt verk i utbyte mot en avgift eller annan ersättning. Det finns olika typer av licenser tillgängliga, från royaltyfria licenser som tillåter obegränsad användning av dina foton till rättighets hanterade licenser som begränsar användningen baserat på faktorer som varaktighet, geografisk plats och avsedd användning.

Och slutligen, utbilda dig själv om upphovsrättslagar och immateriella rättigheter. Ju mer du vet om dina rättigheter och hur du skyddar dem, desto bättre rustad kommer du att vara för att försvara ditt arbete mot intrång och obehörig användning.

Sammanfattningsvis är det viktigt att skydda ditt arbete från obehörig användning och intrång för att bevara dina rättigheter som fotograf och säkra din försörjning. Genom att förstå upphovsrättslagen, registrera ditt verk, använda vattenstämplar, övervaka användningen, licensiera dina foton och hålla dig informerad om dina rättigheter, kan du vidta proaktiva åtgärder för att skydda ditt kreativa arbete och säkerställa att du får korrekt kredit och kompensation för dina ansträngningar. Så var proaktiv, var vaksam och skydda ditt arbete från missbruk och intrång!

Social Media Etikett för fotografer

Okej, låt oss dyka in i etiketten för fotografer att göra och inte göra i sociala medier. Sociala medier är ett kraftfullt verktyg för att visa upp ditt arbete, få kontakt med andra fotografer och engagera din publik, men det är viktigt att använda det på ett ansvarsfullt och respektfullt sätt.

Först och främst, låt oss prata om att dela ditt arbete. Sociala medier är en bra plattform för att visa upp dina bilder och nå en bredare publik, men det är viktigt att vara selektiv med vad du delar. Lägg bara upp ditt bästa arbete – bilderna som verkligen representerar din stil och vision som fotograf. Kvalitet framför kvantitet är nyckeln, så motstå lusten att översvämma dina följares flöden med varje bild du någonsin tagit.

När du delar dina bilder på sociala medier, se till att ge kredit där kreditering är skyldig. Om du publicerar någon annans arbete, fråga alltid om tillåtelse först och ge dem ordentlig kredit i din bildtext. På samma sätt, om du delar ett foto som har inspirerats av någon annans arbete, se till att erkänna dem och ge dem kredit för inspirationen.

Engagera din publik på ett meningsfullt sätt. Svara på kommentarer och meddelanden, ställ frågor och uppmuntra till samtal. Sociala medier handlar om att bygga kontakter och främja relationer, så ta dig tid att engagera dig med dina följare och visa dem att du värdesätter deras stöd och feedback.

Var respektfull mot andra fotografer och deras arbete. Undvik att ge negativa eller nedsättande kommentarer om andra fotografer eller deras bilder, även om du personligen inte gillar deras stil eller ämne. Kom ihåg att fotografi är subjektivt, och vad en person älskar, kanske en annan person inte - och det är okej!

Undvik att använda sociala medier för att framföra klagomål eller klaga på kunder, kollegor eller andra fotografer. Håll dina interaktioner professionella och positiva, och kom ihåg att sociala medier är ett offentligt forum där dina inlägg kan ses av vem som helst.

Och slutligen, tänk på upphovsrätt och immateriella rättigheter. Använd inte någon annans bilder utan tillåtelse, och ge alltid kredit när du delar eller lägger upp någon annans arbete. Respektera andra fotografers rättigheter, precis som du vill att de ska respektera dina.

Sammanfattningsvis handlar sociala mediers etikett för fotografer om att använda plattformen på ett ansvarsfullt och respektfullt sätt. Genom att dela med dig av ditt bästa arbete, ge kredit där det är värt det, engagera dig i din publik, respektera andra fotografer och respektera upphovsrätt och immateriella rättigheter, kan du använda sociala medier för att visa upp din talang och få kontakt med andra fotografer och fotoentusiaster i ett positivt och meningsfullt sätt. Så fortsätt, dela ditt arbete, engagera dig med din publik och njut av den otroliga gemenskapen som sociala medier har att erbjuda!

Nätverk och samarbete i fotografi gemenskapen

Okej, låt oss prata om kraften i nätverk och samarbete i fotografi samhället. Att bygga relationer med andra fotografer och samarbeta i projekt kan öppna upp nya möjligheter, utöka dina färdigheter och inspirera din kreativitet.

Först och främst, låt oss prata om nätverkande. Nätverk handlar om att skapa kontakter och bygga relationer med andra fotografer, branschfolk och potentiella kunder. Delta i fotografering träffar, workshops och konferenser, gå med i fotoforum och gemenskaper online och samarbeta med andra fotografer på sociala medier. Ta dig tid att presentera dig själv, ställa frågor och lära känna andra fotografer i ditt område eller din nisch.

Nätverk handlar inte bara om att skapa kontakter – det handlar också om att vårda dessa kontakter över tid. Håll kontakten med dina kontakter, följ upp efter möten eller evenemang och leta efter möjligheter att samarbeta eller stötta varandras arbete. Att bygga ett starkt kontaktnät kan öppna upp nya möjligheter för samarbete, remisser och ömsesidigt stöd.

Samarbete är ett annat kraftfullt sätt att växa och lära sig som fotograf. Oavsett om det handlar om att samarbeta med andra fotografer i ett kreativt projekt, att samarbeta med modeller eller stylister för en fotografering eller att arbeta med kunder för att förverkliga deras vision, låter samarbetet dig slå samman dina talanger och resurser för att skapa något som är större än summan av dess vision. delar.

När man samarbetar med andra är kommunikation nyckeln. Definiera tydligt roller och förväntningar i förväg, diskutera den kreativa visionen och målen för projektet, och upprätta en tidslinje och arbetsflöde som fungerar för alla inblandade. Var öppen för feedback och idéer från dina medarbetare, och var villig att kompromissa och hitta en gemensam grund för att uppnå bästa möjliga resultat.

Samarbete handlar inte bara om att arbeta med andra fotografer – det handlar också om att lära av dem. Var öppen för att lära dig nya tekniker, experimentera med olika stilar och ta dig utanför din komfortzon. Att arbeta med andra kan hjälpa dig att utöka dina färdigheter, få nya insikter och växa som fotograf.

Och slutligen, var inte rädd för att ta ledningen och inleda samarbeten själv. Nå ut till andra fotografer, modeller, stylister eller andra kreativa vars arbete du beundrar, och föreslå idéer för samarbete. Oavsett om det är en fotoshoot med tema, en gemensam utställning eller ett samarbetsprojekt för en kund, var inte rädd för att presentera dina idéer och se vart de tar dig.

Sammanfattningsvis är nätverk och samarbete avgörande för att växa och blomstra i fotografi samhället. Genom att bygga relationer, vårda kontakter och samarbeta med andra kan du utöka dina färdigheter, vidga dina vyer och uppnå större framgång och tillfredsställelse som fotograf. Så gå ut, börja skapa kontakter och låt din kreativitet skjuta i höjden genom samarbete!

Söker feedback och konstruktiv kritik

Okej, låt oss prata om vikten av att söka feedback och konstruktiv kritik som fotograf. Även om det kan vara skrämmande att lägga ut ditt arbete där för andra att kritisera, kan det vara oerhört värdefullt för din tillväxt och utveckling som konstnär att få feedback från kamrater, mentorer och andra fotografer.

Först och främst, låt oss prata om varför feedback är viktigt. Feedback ger dig ett nytt perspektiv på ditt arbete och hjälper dig att se dina bilder genom någon annans ögon. Det kan lyfta fram områden där du utmärker dig och områden där du kan förbättra, vilket hjälper dig att identifiera styrkor och svagheter i din fotografering. Feedback öppnar också för möjligheter för lärande och tillväxt, vilket gör att du kan utöka dina färdigheter och förfina ditt hantverk.

När du söker feedback är det viktigt att vara öppen och mottaglig för kritik. Kom ihåg att målet med feedback inte är att riva dig eller få dig att må dåligt över ditt arbete – det är att hjälpa dig att förbättras och växa som fotograf. Närma dig feedback med ett öppet sinne och en vilja att lära, och var tacksam för alla insikter eller förslag som andra erbjuder.

Var specifik om vilken typ av feedback du letar efter. Letar du efter tekniska råd om exponering och komposition? Söker du feedback om din redigering stil eller efter behandlingstekniker? Är du intresserad av att höra andras tankar om det övergripande konceptet och budskapet i dina bilder? Var tydlig med vad du hoppas få ut av feedbackprocessen, så att andra kan ge dig så användbar och relevant feedback som möjligt.

När du får feedback, fokusera på den konstruktiva kritiken – den feedback som ger specifika förslag till förbättringar eller lyfter fram områden där du kan växa som fotograf. Även om positiv feedback alltid är trevligt att höra, är det den konstruktiva kritiken som hjälper dig att pressa dig själv att bli en bättre fotograf.

Och slutligen, var inte rädd för att söka feedback från en mängd olika källor. Nå ut till andra fotografer, mentorer och kamrater vars arbete du beundrar, och be om deras ärliga feedback på dina bilder. Gå med i fotoforum och gemenskaper där du kan dela ditt arbete och få feedback från en bredare publik. Ju mer feedback du får, desto fler möjligheter får du att lära dig och växa som fotograf.

Sammanfattningsvis är att söka feedback och konstruktiv kritik en väsentlig del av den kreativa processen för fotografer. Genom att vara fördomsfri, specifik om vilken typ av feedback du letar efter, fokusera på konstruktiv kritik och söka feedback från en mängd olika källor kan du få värdefulla insikter, förbättra dina färdigheter och växa som fotograf. Så var inte rädd för att lägga ut ditt arbete, sök feedback från andra och använd det som en språngbräda för din tillväxt och utveckling som artist.

Sätt realistiska mål och milstolpar

Låt oss dyka ner i vikten av att sätta realistiska mål och milstolpar som fotograf. Oavsett om du precis har börjat eller vill ta din fotografering till nästa nivå, kan tydliga mål och milstolpar hjälpa dig att hålla fokus, motiverad och på väg att nå framgång.

Först och främst, låt oss prata om varför det är viktigt att sätta upp mål. Mål ger dig något att sträva efter och ger riktning och syfte till din fotografering. De hjälper dig att klargöra dina prioriteringar, identifiera förbättringsområden och mäta dina framsteg över tid. Utan tydliga mål är det lätt att känna sig vilsen eller överväldigad, osäker på vilka steg du ska ta härnäst för att komma vidare i din fotoresa.

När du sätter upp mål är det viktigt att vara realistisk och specifik. Istället för att sätta vaga mål som "ta bättre bilder" eller "bli en känd fotograf", dela upp det i mindre, mer uppnåeliga mål som är specifika, mätbara och tidsbundna. Du kan till exempel sätta upp ett mål att förbättra dina kompositioner förmåga genom att öva på tredjedelsregeln i dina bilder, eller att öka din Instagram-följare med 10 % inom de närmaste tre månaderna.

När du har satt upp dina mål, dela upp dem i mindre milstolpar eller uppgifter som du kan arbeta mot dagligen, veckovis eller månadsvis. Detta gör dina mål mer hanterbara och hjälper dig att hålla dig motiverad genom att ge dig en känsla av framsteg och prestation när du arbetar mot dina större mål.

Var flexibel och anpassningsbar med dina mål. Livet är oförutsägbart, och ibland går saker inte enligt plan. Var villig att justera dina mål och tidslinjer efter behov, och var inte för hård mot dig själv om du stöter på motgångar eller hinder på vägen. Kom ihåg att det är okej att ta omvägar eller ändra kurs – det som är viktigt är att du fortsätter att gå framåt och förbli engagerad i din övergripande vision och mål.

Till sist, fira dina framgångar och milstolpar längs vägen. Ta dig tid att erkänna och fira dina prestationer, oavsett hur små de kan verka.

Oavsett om det handlar om att nå ett visst antal följare på sociala medier, sälja ditt första tryck eller bemästra en ny fotograferingsteknik, är varje milstolpe värd att fira som ett bevis på ditt hårda arbete, engagemang och framsteg som fotograf.

Sammanfattningsvis är det viktigt att sätta realistiska mål och milstolpar för att nå framgång och tillväxt som fotograf. Genom att sätta tydliga, specifika mål, dela upp dem i mindre milstolpar, förbli flexibel och anpassningsbar och fira dina framgångar längs vägen, kan du hålla fokus, motiverad och på rätt spår för att uppnå dina fotodrömmar. Så fortsätt, sätt upp dina mål och börja arbeta för att förvandla dina fotografiska ambitioner till verklighet!

Hitta din fotografi stil och röst

Låt oss utforska resan för att hitta din unika fotografi stil och röst – det är som att upptäcka ditt konstnärliga fingeravtryck som skiljer dig från andra. Din stil och röst är det som gör dina foton igenkännliga och minnesvärda, vilket speglar din personlighet, vision och kreativa uttryck.

Först och främst, låt oss prata om vad fotografi stil och röst faktiskt betyder. Din stil omfattar de estetiska och visuella elementen som definierar ditt arbete – den kan kännetecknas av ditt val av ämnen, kompositionstekniker, redigerings stil, färgpalett eller stämning. Din röst, å andra sidan, är den känslomässiga och konceptuella grunden för ditt arbete – det är vad dina bilder säger om dig, ditt perspektiv och berättelserna du vill berätta.

Att hitta din stil och röst är en resa av självupptäckt och utforskning. Det handlar om att experimentera med olika tekniker, ämnen och tillvägagångssätt tills du hittar det som resonerar med dig och känns autentiskt för den du är som fotograf. Var inte rädd för att prova nya saker, ta risker och tänja på gränserna för din kreativitet – det är så du kommer att avslöja din unika stil och röst.

Börja med att titta inåt och fråga dig själv vad som inspirerar dig och vad du brinner för. Vilka ämnen eller teman dras du till? Vilka känslor eller idéer vill du väcka i dina bilder? Dina svar på dessa frågor kan ge ledtrådar till din stil och röst och hjälpa dig att vägleda din kreativa resa.

Var uppmärksam på fotografernas arbete du beundrar, men försök inte imitera eller replikera deras stil. Studera istället deras tekniker och tillvägagångssätt och fundera över hur du kan införliva delar av deras arbete i din egen unika vision. Ta inspiration från ett brett spektrum av källor – inte bara andra fotografer, utan också konst, litteratur, musik och världen omkring dig.

Experimentera med olika tekniker, ämnen och stilar tills du hittar det som känns rätt för dig. Var inte rädd för att göra misstag eller ta omvägar längs vägen – varje experiment är en möjlighet att lära sig och växa som fotograf. Fortsätt att förfina och finslipa din stil och röst med tiden, och lita på att du med tålamod och uthållighet så småningom kommer att hitta din egen kreativa röst som skiljer dig från mängden. Och kom ihåg att din stil och röst kommer att fortsätta att utvecklas och förändras när du växer och utvecklas som fotograf. Omfamna resan med självupptäckt och kreativ utforskning, och lita på att ditt unika perspektiv och vision kommer att lysa igenom i ditt arbete, vilket gör det till ditt eget.

Sammanfattningsvis, att hitta din fotografering stil och röst är en djupt personlig och givande resa. Genom att utforska dina passioner, experimentera med olika tekniker och vara sann mot dig själv och din vision, kan du avslöja din unika kreativa röst som skiljer dig som fotograf. Så fortsätt, omfamna resan och låt din stil och röst lysa igenom i din fotografering!

Balansera passion och vinst: Förvandla din hobby till en karriär

Låt oss dyka in i den spännande resan att förvandla din fotohobby till en givande karriär samtidigt som du balanserar din passion för fotografering med behovet av att generera inkomst.

För det första är det avgörande att behålla din passion för fotografering när du går över till en karriär. Kom ihåg varför du blev kär i fotografi från första början och fortsätt att vårda den passionen. Din kärlek till hantverket kommer att vara drivkraften bakom din framgång och kommer att hålla dig motiverad under utmanande tider.

Men det är också viktigt att erkänna affärssidan av fotografering. När du förvandlar din hobby till en karriär, måste du närma dig den med ett strategiskt tänkesätt. Detta inkluderar att utveckla en affärsplan, sätta finansiella mål och skapa en marknadsföringsstrategi för att marknadsföra dina tjänster.

När det kommer till prissättning av dina tjänster är det viktigt att värdera ditt arbete och din expertis. Även om det kan vara frestande att under prisa dig själv, särskilt när du börjar, kan detta undergräva din trovärdighet och göra det svårt att upprätthålla ditt företag i det långa loppet. Ta dig tid att undersöka industristandarder och sätta priser som återspeglar värdet av ditt arbete.

Att bygga en stark onlinenärvaro är nyckeln till att attrahera kunder och utöka din fotografiverksamhet. Investera i att skapa en professionell webbplats och portfölj som visar upp ditt bästa arbete och framhäver din unika stil och röst. Använd sociala medieplattformar för att engagera dig med din publik, dela glimtar bakom kulisserna av ditt arbete och bygga relationer med potentiella kunder.

Nätverk är en annan viktig aspekt för att bygga en framgångsrik fotokarriär. Delta i branschevenemang, gå med i fotograferings grupper och -forum och ta kontakt med andra proffs inom ditt område. Att bygga ett starkt nätverk av kontakter kan leda till nya möjligheter, samarbeten och hänvisningar som kan hjälpa ditt företag att växa.

När du navigerar i övergången från hobbyfotograf till professionell fotograf är det viktigt att vara flexibel och öppen för nya möjligheter. Var villig att anpassa sig till förändrade marknadstrender, experimentera med olika nischer eller tjänster och ständigt leta efter sätt att förnya och växa ditt företag.

Slutligen, kom ihåg att prioritera egenvård och balans i ditt liv. Att bygga en fotokarriär kan vara krävande, både fysiskt och känslomässigt, så det är viktigt att ta tid för sig själv och vårda sitt välbefinnande. Sätt gränser kring dina arbetstider, prioritera aktiviteter som ger dig glädje och tillfredsställelse utanför fotograferingen, och var inte rädd för att be om hjälp eller stöd när du behöver det.

Sammanfattningsvis, att förvandla din fotohobby till en karriär kräver en balans mellan passion, strategisk planering och affärsmannaskap. Genom att vara trogen din kärlek till fotografering, värdera ditt arbete, bygga en stark onlinenärvaro, nätverka med andra yrkesverksamma och prioritera egenvård, kan du skapa en tillfredsställande och hållbar karriär med det du älskar. Så fortsätt, jaga dina drömmar och förvandla din passion för fotografering till en framgångsrik och givande karriär!

Kundkommunikation och professionalism

Låt oss utforska vikten av effektiv kundkommunikation och professionalism i fotograferings branschen. Att bygga starka relationer med dina kunder och upprätthålla ett professionellt uppträdande är avgörande för framgång i branschen.

För det första är tydlig och snabb kommunikation nyckeln för att säkerställa en positiv upplevelse för dina kunder. Från den första förfrågan till den slutliga leveransen av bilder hjälper det att hålla dina kunder informerade och uppdaterade varje steg på vägen till att bygga förtroende och förtroende för dina tjänster.

Svara snabbt på kundförfrågningar, oavsett om de kommer via e-post, telefonsamtal eller meddelanden i sociala medier. Var artig och professionell i dina svar och ge tydlig och detaljerad information om dina tjänster, priser och tillgänglighet.

Lyssna uppmärksamt på dina kunders behov och preferenser och ställ frågor för att klargöra eventuella osäkerheter. Genom att förstå deras vision och förväntningar kan du skräddarsy dina tjänster för att möta deras specifika krav och leverera resultat som överträffar deras förväntningar.

Under hela fotografering processen, håll dina kunder informerade om tidslinjer, schemaläggning och alla ändringar eller uppdateringar som kan uppstå. Var proaktiv i att kommunicera eventuella förseningar eller utmaningar som kan påverka projektet, och arbeta tillsammans med dina kunder för att hitta lösningar och säkerställa ett smidigt och framgångsrikt resultat.

Upprätthåll professionalism i all din interaktion med kunder, kollegor och leverantörer. Detta inkluderar att vara punktlig, pålitlig och respektfull i din kommunikation och ditt beteende. Klä dig lämpligt för kundmöten och fotograferingar och uppträd alltid med integritet och ärlighet.

Var transparent om dina priser, policyer och servicevillkor från början, och se till att dina kunder förstår och accepterar dem innan de ingår ett kontrakt. Detta hjälper till att undvika missförstånd eller tvister längs linjen och främjar en känsla av förtroende och transparens i dina affärsrelationer.

Slutligen, följ upp med dina kunder efter att ett projekt har slutförts för att säkerställa att de är nöjda och ta itu med eventuella problem eller feedback de kan ha. Tacka dem för deras affärer och uttrycka din uppskattning för möjligheten att arbeta med dem. Att bygga positiva relationer med dina kunder kan leda till återkommande affärer, hänvisningar och långsiktig framgång i din fotokarriär.

Sammanfattningsvis är effektiv kundkommunikation och professionalism avgörande för att bygga förtroende, tillfredsställelse och lojalitet i din fotografiverksamhet. Genom att upprätthålla tydlig och aktuell kommunikation, lyssna uppmärksamt på dina kunders behov, uppträda med integritet och professionalism och följa upp för att säkerställa tillfredsställelse, kan du skapa positiva och varaktiga relationer med dina kunder och nå framgång i din fotokarriär. Så fortsätt, kommunicera självsäkert och visa upp din professionalism i alla aspekter av ditt företag!

Prissätta dina fototjänster

Låt oss dyka in i konsten och vetenskapen att prissätta dina fototjänster.

Att sätta rätt priser är avgörande för att upprätthålla ditt företag och se till att du får rättvis kompensation för din tid, expertis och kreativa arbete.

För det första är det viktigt att förstå dina kostnader. Beräkna alla utgifter förknippade med att driva ditt fotoföretag, inklusive utrustning kostnader, mjukvaru abonnemang, studiohyra, marknadsföringskostnader och din egen lön eller timpris. Detta ger dig en baslinje för att bestämma din prissättning och säkerställer att du täcker dina kostnader och gör en vinst.

Tänk på värdet av din tid och expertis. Dina fotografiska färdigheter och erfarenhet är värdefulla tillgångar, och din prissättning bör återspegla det. Ta hänsyn till den tid som ägnas åt att fotografera, redigera, kommunicera med kunder och andra uppgifter relaterade till din fotografiverksamhet. Undervärdera inte din tid – det är en av dina mest värdefulla resurser.

Undersök marknaden och vet ditt värde. Titta på vad andra fotografer i ditt område eller din nisch tar betalt för liknande tjänster, och använd denna information för att informera om din prisstrategi. Tänk på ditt unika värdeerbjudande, såsom din stil, arbetskvalitet och kundservicenivå, och prissätt dina tjänster därefter.

Erbjud olika prispaket för att tillgodose en rad kunder och budgetar. Detta gör att du kan attrahera kunder med olika behov och preferenser samtidigt som du maximerar din inkomst potential. Överväg att erbjuda paket med olika nivåer av service och prissättning, samt tilläggsalternativ för ytterligare produkter eller tjänster.

Var transparent om dina priser och policyer. Kommunicera tydligt dina priser på din webbplats, marknadsföringsmaterial och i din första kommunikation med kunder. Se till att dina kunder förstår vad som ingår i din prissättning och eventuella ytterligare avgifter eller avgifter som kan tillkomma. Transparens skapar förtroende och hjälper till att förhindra missförstånd eller tvister senare.

Tänk på det upplevda värdet av dina tjänster. Faktorer som ditt rykte, portfölj och varumärkesimage kan påverka hur kunderna uppfattar värdet av ditt arbete. Investera i att bygga en stark varumärkesidentitet, visa upp ditt bästa arbete och leverera exceptionell kundservice för att öka det upplevda värdet av dina tjänster och motivera din prissättning.

Slutligen, var flexibel och anpassningsbar med din prissättning. Varje kund och projekt är unikt, och det är okej att förhandla om priser eller anpassa paket för att möta deras specifika behov. Var öppen för att diskutera prisalternativ med dina kunder och hitta lösningar som fungerar för båda parter.

Sammanfattningsvis kräver prissättningen av dina fototjänster noggrant övervägande av dina kostnader, värde, marknadstrender och kundbehov. Genom att förstå dina utgifter, värdera din tid och expertis, undersöka marknaden, erbjuda transparenta prispaket och anpassa dig efter kundens preferenser, kan du sätta priser som är rättvisa, konkurrenskraftiga och hållbara för din fotoverksamhet. Så fortsätt, knacka på dessa siffror och prissätta dina fotograferingstjänster med tillförsikt för att återspegla värdet du tillför dina kunder!

Marknadsföra dig själv som fotograf

Låt oss utforska effektiva strategier för att marknadsföra dig själv som fotograf och locka kunder till ditt företag. I dagens konkurrensutsatta landskap är det viktigt att sticka ut och visa upp din unika stil och expertis för potentiella kunder.

Skapa först en professionell onlinenärvaro. Investera i en väldesignad webbplats som visar upp din portfölj, tjänster, priser och kontaktinformation. Din webbplats är ofta det första intrycket potentiella kunder kommer att få av ditt företag, så se till att den speglar din varumärkesidentitet och visar upp ditt bästa arbete.

Optimera din webbplats för sökmotorer (SEO) för att förbättra din synlighet online. Använd relevanta nyckelord, metataggar och beskrivningar för att hjälpa potentiella kunder att hitta dig när de söker efter fotografer i ditt område eller din nisch. Överväg att starta en blogg för att dela med dig av insikter, tips och historier bakom kulisserna om ditt fotoarbete, vilket också kan hjälpa till att förbättra din webbplatss SEO.

Använd sociala medier för att få kontakt med din publik och marknadsföra ditt arbete. Välj plattformar som passar din målgrupp och din fotonisch, som Instagram, Facebook, Pinterest eller LinkedIn. Dela dina foton regelbundet, interagera med dina följare och använd hashtags för att öka din räckvidd och locka nya kunder.

Nätverk med andra yrkesverksamma inom din bransch och gemenskap. Delta i branschevenemang, gå med i fotograferings grupper och -forum och samarbeta med andra fotografer, modeller, stylister och leverantörer. Att bygga starka relationer med andra professionella kan leda till remisser, samarbeten och nya möjligheter för ditt företag.

Erbjud incitament för hänvisningar för att uppmuntra nöjda kunder att sprida budskapet om dina tjänster. Överväg att erbjuda rabatter, freebies eller andra belöningar till kunder som hänvisar nya affärer till dig. Mun-till-mun-marknadsföring är otroligt kraftfull och kan hjälpa dig att locka högkvalitativa kunder som är mer benägna att lita på rekommendationer från vänner eller familj.

Överväg att samarbeta med lokala företag eller organisationer för att nå nya målgrupper. Erbjud dig att visa ditt arbete i kaféer, butiker eller andra butikslokaler, eller samarbeta med lokala företag om speciella kampanjer eller evenemang. Att bygga partnerskap med kompletterande företag kan hjälpa dig att nå nya kunder och stärka ditt varumärke inom din gemenskap.

Slutligen, leverera alltid exceptionell kundservice och överträffa dina kunders förväntningar. Nöjda kunder är mer benägna att rekommendera dig till andra och själva bli återkommande kunder. Fokusera på att bygga positiva relationer med dina kunder, leverera högkvalitativt arbete och ge en enastående upplevelse från början till slut.

Sammanfattningsvis kräver marknadsföring av dig själv som fotograf en kombination av online- och offline strategier, inklusive att bygga en professionell webbplats, utnyttja sociala medier, nätverka med andra proffs, erbjuda incitament för hänvisningar, samarbeta med lokala företag och leverera exceptionell kundservice. Genom att visa upp din unika stil och expertis, bygga starka relationer med din publik och konsekvent leverera högkvalitativt arbete kan du attrahera nya kunder och växa din fotografiverksamhet. Så varsågod, ställ ut dig själv och marknadsför med säkerhet dina fotograferingstjänster till världen!

Bygga en stark onlinenärvaro: webbplats och sociala medier

Okej, låt oss prata om hur man skapar en mördande onlinenärvaro som visar upp din fotografi verksamhet och lockar potentiella kunder. Din webbplats och närvaro på sociala medier är nyckelkomponenter i din onlinenärvaro, så låt oss dyka ner i några lösa taltips för att få dem att lysa.

För det första är din webbplats ditt digitala skyltfönster, så se till att den är snygg, professionell och lättnavigerad. Välj en ren och modern design som framhäver ditt bästa arbete och återspeglar din varumärkesidentitet. Visa upp din portfölj tydligt på din hemsida och gör det enkelt för besökare att kontakta dig eller fråga om dina tjänster.

När det kommer till sociala medier, välj plattformar som passar din målgrupp och foto nisch. Oavsett om det är Instagram, Facebook, Pinterest eller LinkedIn, fokusera på de plattformar där dina potentiella kunder är mest aktiva. Dela dina foton regelbundet, engagera dig med dina följare och använd hashtags för att öka din synlighet och locka nya följare.

Använd din webbplats och sociala medieplattformar för att berätta din historia och visa upp din personlighet. Dela glimtar bakom kulisserna av ditt arbete, personliga anekdoter och insikter om din kreativa process. Detta hjälper till att humanisera ditt varumärke och bygga kontakter med din publik, vilket gör dem mer benägna att lita på dig och boka dina tjänster.

Konsekvens är nyckeln när det gäller att upprätthålla din onlinenärvaro. Uppdatera din webbplats regelbundet med nya foton, blogginlägg eller vittnesmål för att hålla den fräsch och engagerande. På samma sätt kan du göra inlägg konsekvent på sociala medier för att hålla koll på din publik och hålla dem engagerade i ditt innehåll.

Interagera med din publik på sociala medier genom att svara på kommentarer, meddelanden och omnämnanden omgående. Engagera dig med andra användare genom att gilla, kommentera och dela deras innehåll, och samarbeta med andra yrkesverksamma i din bransch eller community för att utöka din räckvidd och locka nya följare.

Använd analyser och insikter för att spåra din webbplats trafik och prestanda i sociala medier. Var uppmärksam på vilka typer av innehåll som resonerar mest med din publik och justera din strategi därefter. Experimentera med olika inlägg tider, innehåll format och hashtags för att optimera din räckvidd och engagemang.

Slutligen, glöm inte att visa upp din expertis och auktoritet inom ditt område. Dela tips, tutorials och insikter relaterade till fotografering på din webbplats och sociala medieplattformar för att positionera dig själv som en pålitlig resurs och tankeledare inom din nisch.

Sammanfattningsvis kräver att bygga en stark onlinenärvaro en kombination av en polerad webbplats och aktiv närvaro på sociala medier. Genom att visa upp ditt bästa arbete, dela din berättelse, engagera dig med din publik och visa din expertis kan du attrahera potentiella kunder och växa din fotoverksamhet online. Så fortsätt, sätt dessa lösa taltips i verket och skapa en mördande onlinenärvaro som skiljer dig från konkurrenterna!

Hantera avslag och kritik med nåd

Okej, låt oss prata om hur man kan navigera i avslag och kritik i fotografiets värld med balans och professionalism. Att ta emot feedback, oavsett om det är negativt eller konstruktivt, är en naturlig del av den kreativa processen, och att lära sig hur man hanterar den med nåd är avgörande för tillväxt och motståndskraft.

För det första är det viktigt att komma ihåg att avslag och kritik inte är personliga angrepp. De är helt enkelt möjligheter till lärande och förbättringar. Istället för att ta kritik personligt, försök att närma dig den med ett öppet sinne och en vilja att lära. Kom ihåg att allas smak och preferenser är subjektiva, och inte alla kommer att uppskatta eller förstå ditt arbete – och det är okej!

När du får kritik, fokusera på den konstruktiva feedbacken – de insikter och förslag som kan hjälpa dig att växa och förbättra dig som fotograf. Lyssna uppmärksamt på vad andra har att säga om ditt arbete och var öppen för olika perspektiv och idéer. Fundera på hur du kan använda denna feedback för att förfina dina färdigheter, experimentera med nya tekniker eller utforska olika kreativa riktningar.

Det är också viktigt att utveckla motståndskraft och ett positivt tänkesätt när man möter avslag eller kritik. Istället för att uppehålla sig vid de negativa aspekterna, fokusera på möjligheterna till tillväxt och självförbättring som kommer från dessa erfarenheter. Använd avvisande och kritik som motivation för att pressa dig själv hårdare, arbeta på dina svagheter och sträva efter excellens i ditt hantverk.

Behåll professionalism och grace i din interaktion med andra, även inför avslag eller kritik. Undvik att bli defensiv eller konfronterande, och svara istället med ödmjukhet, tacksamhet och en vilja att lära. Tacka personen för hans feedback och låt honom veta att du uppskattar deras insikter och att du kommer att ta hänsyn till dem i framtiden.

Kom ihåg att avslag och kritik inte är världens undergång – de är bara gupp på vägen på din resa mot framgång. Använd dem som möjligheter att växa, lära sig och bli en bättre fotograf. Håll fokus på dina mål, tro på dig själv och dina förmågor och låt inte motgångar eller negativ feedback avskräcka dig från att fortsätta din passion för fotografering.

Sammanfattningsvis är hantering av avslag och kritik med nåd avgörande för tillväxt och motståndskraft som fotograf. Genom att närma dig feedback med ett öppet sinne, fokusera på konstruktiv kritik, bibehålla ett positivt tänkesätt och svara med professionalism och grym, kan du vända avslag och kritik till möjligheter till lärande, tillväxt och självförbättring. Så fortsätt, ta emot feedback med ett öppet hjärta och låt den driva dig framåt på din fotografering resa!

Kontinuerligt lärande: Workshops, kurser och resurser

Låt oss utforska vikten av kontinuerligt lärande inom fotografi och hur workshops, kurser och andra resurser kan hjälpa dig att vässa dina kunskaper, hålla dig inspirerad och hänga med i branschtrender.

För det första är investeringar i workshops, kurser och andra utbildningsresurser ett fantastiskt sätt att utöka din kunskap och expertis inom fotografering. Oavsett om du är nybörjare som vill bemästra grunderna eller en erfaren fotograf som vill förfina dina färdigheter eller utforska nya tekniker, finns det alltid något nytt att lära sig.

Workshops och kurser erbjuder praktiska inlärnings upplevelser ledda av erfarna instruktörer som kan ge värdefulla insikter, feedback och vägledning. De ger möjligheter att lära av experter på området, få kontakt med andra fotografer och få praktisk erfarenhet genom verkliga uppdrag och projekt.

Onlinekurser och handledningar har blivit allt populärare de senaste åren, vilket erbjuder flexibilitet och bekvämlighet för upptagna fotografer. Plattformar som Udemy, Skillshare och CreativeLive erbjuder ett brett utbud av kurser som täcker allt från kamera grunderna till avancerade redigeringstekniker, så att du kan lära dig i din egen takt från bekvämligheten av ditt hem.

Förutom formella workshops och kurser finns det också massor av gratis resurser tillgängliga online, inklusive artiklar, bloggar, poddsändningar och YouTube-kanaler dedikerade till fototips, handledning och inspiration. Dra nytta av dessa resurser för att hålla dig informerad om branschtrender, lära dig nya tekniker och upptäcka kreativa idéer för ditt eget arbete.

Förbise inte värdet av att lära av dina kamrater och andra fotografer. Att gå med i fotograferings grupper och gemenskaper, antingen online eller personligen, ger möjligheter att dela kunskap, utbyta feedback och samarbeta i projekt. Att omge dig med en stödjande gemenskap av likasinnade kan vara otroligt motiverande och berikande för din fotografering resa.

Slutligen, glöm inte vikten av övning och experiment i din inlärningsprocess. Tillämpa kunskapen och färdigheterna du får från workshops, kurser och resurser på dina egna fotoprojekt och uppdrag. Experimentera med olika tekniker, ämnen och stilar, och var inte rädd för att tänja på gränserna för din kreativitet.

Sammanfattningsvis är kontinuerligt lärande avgörande för tillväxt och utveckling som fotograf. Genom att investera i workshops, kurser och andra resurser, delta i online-communities och omfamna experiment och praktik kan du vässa dina kunskaper, hålla dig inspirerad och hänga med i branschtrender. Så varsågod, ta alla tillfällen i akt att lära och växa och se dina fotografiska färdigheter och ditt självförtroende stiga!

Håll dig inspirerad: Utforska andra konstformer

Låt oss fördjupa oss i den underbara världen att hitta inspiration genom att utforska andra konstformer bortom fotografi. Att rita från olika kreativa discipliner kan ge din fotografering nya idéer, perspektiv och tekniker, vilket håller ditt arbete dynamiskt och innovativt.

För det första, fördjupa dig i bildkonstens värld genom att besöka konstgallerier, museer och utställningar. Utforska olika genrer, stilar och rörelser, från klassiska målningar till samtida installationer. Var uppmärksam på komposition, färg, ljus och berättartekniker som används i olika konstverk, och fundera över hur du kan införliva dessa element i din egen fotografering.

Begränsa dig inte till bildkonst – utforska andra kreativa medier som musik, litteratur, film, dans och teater. Varje konstform erbjuder unika insikter och känslor som kan inspirera din fotografering på oväntade sätt. Lyssna på musik som väcker en viss stämning eller känsla och översätt den till visuella bilder genom din fotografering. Läs böcker eller poesi som sätter igång din fantasi och använd dem som inspiration för konceptuella fotograferingar. Se filmer eller föreställningar som fängslar dig och hämta inspiration från deras berättartekniker och visuella estetik.

Experimentera med tvärvetenskapliga samarbeten genom att samarbeta med konstnärer från andra discipliner. Arbeta med musiker, dansare, skådespelare eller författare för att skapa multimediaprojekt som kombinerar fotografi med andra konstformer. Att samarbeta med konstnärer från olika bakgrunder kan ge nya perspektiv, idéer och kreativ energi till ditt fotografi, vilket öppnar upp för spännande möjligheter för utforskning och experimenterande.

Ta en paus från fotografering och delta i praktiska kreativa aktiviteter som att rita, måla, skulptera eller hantverk. Att arbeta med händerna i olika medier kan stimulera din kreativitet och hjälpa dig att se världen från ett nytt perspektiv. Experimentera med olika texturer, färger och material, och införliva delar av dessa taktila upplevelser i din fotografering för att lägga till djup och dimension till dina bilder. Slutligen, omfamna skönheten i naturen och världen omkring dig som en inspirationskälla. Ta promenader i naturen, observera årstidernas växlingar och njut av natur världens syner, ljud och dofter. Använd din kamera som ett verktyg för att utforska och upptäcka och fånga världens skönhet och under på ditt eget unika sätt.

Sammanfattningsvis, att hitta inspiration i andra konstformer är ett kraftfullt sätt att underblåsa din kreativitet och hålla ditt fotografi fräscht och spännande. Genom att utforska bildkonst, musik, litteratur, film, dans, teater och praktiska kreativa aktiviteter kan du vidga dina konstnärliga horisonter, upptäcka nya idéer och tekniker och ge ditt fotografi djup, känsla och mening. Så fortsätt, utforska, experimentera och låt konstens skönhet inspirera din fotografering resa!

Underhåll din utrustning: Rengörings- och förvaringstips

Låt oss dyka ner i några viktiga tips för att hålla din fotoutrustning i toppskick så att den kan fortsätta att prestera som bäst i många år framöver.

För det första är regelbunden rengöring nyckeln till att förhindra att damm, smuts och skräp samlas på din utrustning. Använd en mjuk borste eller en blåsare för att ta bort damm och smuts från kamerahuset, linserna och annan utrustning. Var försiktig när du rengör ömtåliga delar som sensorn eller lins elementen för att undvika att repa eller skada dem.

För mer envis smuts eller fläckar, använd en mikrofiberduk lätt fuktad med lins rengöringslösning eller isopropylalkohol. Undvik att använda starka kemikalier eller slipande material, eftersom de kan skada de ömtåliga beläggningarna på dina linser och kamerahus.

Glöm inte att rengöra din kameraväska eller fodral också regelbundet. Damm och skräp kan samlas inuti din väska och överföras till din utrustning, så töm den med jämna mellanrum och torka av insidan med en fuktig trasa.

När du förvarar din utrustning, välj ett rent, torrt och välventilerat utrymme borta från direkt solljus och extrema temperaturer. Överväg att investera i ett dedikerat kameraskåp, fodral eller förvaringslåda för att hålla din utrustning organiserad och skyddad när den inte används.

Förvara dina linser och kamerahus med linsskydden och kamerahusen påsatta för att skydda dem från damm och fukt. Om du har flera linser, förvara dem upprätt eller på sidan för att förhindra att de rullar runt och eventuellt skadas.

Investera i objektiv- och kamerahus, motljusskydd och skyddsfilter för att ge ett extra lager av skydd för din utrustning när den inte används. Dessa tillbehör kan hjälpa till att förhindra repor, repor och andra skador som kan uppstå under transport eller förvaring.

Överväg att använda kiselgel paket eller avfuktare i din kameraväska eller förvaringsutrymme för att hjälpa till att kontrollera fukt och förhindra mögel eller mögel. Byt ut kiselgel paketen regelbundet eller ladda upp dem efter behov för att behålla deras effektivitet. Slutligen, försumma inte regelbundet underhåll och service av din utrustning. Schemalägg rutinkontroller och rengöringar med en professionell kamera tekniker för att säkerställa att din utrustning fungerar korrekt och för att åtgärda eventuella problem innan de eskalerar. Sammanfattningsvis kräver underhåll av din fotoutrustning regelbunden rengöring, korrekt förvaring och tillfälligt underhåll. Genom att följa dessa tips och införliva dem i din rutin kan du hålla din utrustning i toppskick och se till att den fortsätter att prestera på sitt bästa i många år framöver. Så fortsätt, visa din utrustning lite kärlek, och det kommer att belöna dig med vackra bilder gång på gång!

Hantera utbrändhet och kreativa block

Låt oss utforska några strategier för att övervinna utbrändhet och kreativa blockeringar så att du kan återuppliva din passion för fotografering och återgå till att skapa fantastiska arbeten.

För det första är det viktigt att känna igen tecken på utbrändhet och ge dig själv tillåtelse att ta en paus när det behövs. Lyssna på din kropp och ditt sinne – om du känner dig utmattad, överväldigad eller oinspirerad är det okej att ta ett steg tillbaka och ladda batterierna.

Ta dig tid för egenvård och avkoppling aktiviteter som hjälper dig att varva ner och stressa ner. Oavsett om det är att gå en promenad i naturen, träna mindfulness eller meditation, läsa en bok eller umgås med nära och kära, prioritera aktiviteter som ger dig glädje och föryngrar din ande.

Försök att identifiera grundorsakerna till din utbrändhet och ta itu med dem proaktivt. Tar du på dig för mycket arbete? Försummar du din fysiska eller psykiska hälsa? Känner du dig kreativt stillastående eller oinspirerad? När du väl förstår vad som bidrar till din utbrändhet kan du vidta åtgärder för att göra positiva förändringar och återfå balansen i ditt liv.

Experimentera med nya tekniker, ämnen eller stilar för att bryta dig ur kreativa hjulspår och väcka inspiration. Utmana dig själv att prova något annat och driva bortom din komfortzon. Ta en fotoworkshop, utforska en ny plats eller samarbeta med andra artister för att injicera ny energi i ditt arbete.

Skapa en stödjande och uppfostrande miljö för att din kreativitet ska frodas. Omge dig med positiva influenser, oavsett om det är andra fotografer, mentorer eller vänner som förstår och uppskattar din kreativa resa. Dela dina kamper och erfarenheter med andra och sök stöd och uppmuntran när det behövs.

Öva själv medkänsla och tålamod med dig själv under tider av kreativ blockering. Kom ihåg att kreativiteten ebbar ut och flödar, och det är okej att ha perioder med låg inspiration eller produktivitet. Var snäll mot dig själv och lita på att din kreativa gnista kommer tillbaka i sinom tid.

Sätt upp realistiska mål och förväntningar på dig själv och dela upp större projekt i mindre, hanterbara uppgifter. Fira små segrar och framsteg på vägen, och var inte för hård mot dig själv om det inte går som planerat. Kom ihåg att varje bakslag är en möjlighet till tillväxt och lärande.

Slutligen, var inte rädd för att söka professionell hjälp om du kämpar med utbrändhet eller psykiska problem. Prata med en terapeut eller kurator som kan ge vägledning och stöd anpassat efter dina behov. Kom ihåg att det är okej att be om hjälp när du behöver det, och att ta hand om din mentala hälsa är avgörande för det allmänna välbefinnandet.

Sammanfattningsvis kräver att övervinna utbrändhet och kreativa blockeringar självmedvetenhet, egenvård och en vilja att utforska nya idéer och tillvägagångssätt. Genom att ta dig tid att vila och ladda, experimentera med nya tekniker, söka stöd från andra och utöva självmedkänsla, kan du återuppliva din passion för fotografi och återupptäcka glädjen i att skapa. Så fortsätt, omfamna resan och lita på att din kreativitet kommer att blomstra igen!

Fira dina framsteg och prestationer

Låt oss ta en stund att känna igen och fira dina framsteg och prestationer som fotograf. Oavsett om du precis har börjat på din resa eller om du har finslipat ditt hantverk i flera år, är det viktigt att erkänna och fira milstolparna och framgångarna längs vägen.

För det första, ta dig tid att reflektera över hur långt du har kommit sedan du först tog upp en kamera. Fira de färdigheter du har utvecklat, de utmaningar du har övervunnit och den tillväxt du har upplevt som fotograf. Erkänn det engagemang, passion och hårda arbete du har investerat i att fullfölja din kreativa vision.

Fira dina prestationer, oavsett hur stora eller små. Vare sig det är att fånga ett hisnande landskap, göra en utmanande fotografering eller ta emot erkännande för ditt arbete, var stolt över dina prestationer och den ansträngning du har lagt ner på att uppnå dem. Fira med vänner, familj eller andra fotografer som kan dela din glädje och spänning.

Glöm inte att fira själva resan – inspiration ögonblicken, lärdomarna och minnen som skapats längs vägen. Fotografi handlar om mer än bara de slutliga bilderna – det handlar om upplevelserna, kopplingarna och berättelserna bakom dem. Ta dig tid att njuta av processen att skapa och dela ditt arbete med andra.

Avsätt tid för att skapa en visuell registrering av dina framsteg och prestationer. Skapa en portfölj eller ett galleri med dina bästa verk, antingen online eller i tryck, som visar hur dina färdigheter och stil har utvecklats över tiden. Använd detta som en påminnelse om hur mycket du har åstadkommit och som motivation att fortsätta driva dig själv längre.

Fira framgångarna för andra i fotografi världen också. Dela din beundran och ditt stöd för andra fotografer som inspirerar dig, oavsett om det är genom att gilla, kommentera eller dela deras arbete på sociala medier, eller genom att gå på deras utställningar eller evenemang. Att bygga en stödjande och samarbetande gemenskap kan förstärka din egen framgång och ge mer glädje och tillfredsställelse till din fotografering resa.

Slutligen, kom ihåg att fira ögonblicken av glädje, förundran och skönhet som fotografering ger ditt liv. Oavsett om det är att fånga ett flyktigt ögonblick av naturlig skönhet, uttrycka din kreativitet genom ditt arbete eller att få kontakt med andra genom dina bilder, ta dig tid att uppskatta fotografins magi och glädjen det ger ditt liv.

Sammanfattningsvis, att fira dina framsteg och prestationer som fotograf är en viktig del av att förbli motiverad, inspirerad och uppfylld på din kreativa resa. Genom att ta dig tid att reflektera över hur långt du har kommit, erkänna dina prestationer och dela din glädje med andra, kan du odla en känsla av stolthet, tacksamhet och tillfredsställelse i din fotografering. Så fortsätt, fira dina framgångar och fortsätt sträva efter att nå nya höjder i din fotoresa!

www.ingramcontent.com/pod-product-compliance
Lightning Source LLC
Chambersburg PA
CBHW050234230526
45470CB00005B/1951